Le premier signe d'une vie intelligente

EXTRATERRESTRE

AVI LOEB

Le premier signe d'une vie intelligente

EXTRATERRESTRE

TRADUIT DE L'AMÉRICAIN
PAR CHARLES FRANKEL

Éditions du Seuil
57, rue Gaston-Tessier, Paris XIXe

Titre original : *Extraterrestrial*

ISBN 978-2-02-144041-6

www.seuil.com

À mes trois muses, Ofrit, Klil et Lotem,
et à tous les autres habitants du cosmos…

Introduction

Quand vous en avez l'occasion, sortez de chez vous pour admirer l'univers. Bien sûr, c'est plus facile la nuit. Mais, même de jour, lorsque le seul astre visible est le Soleil, l'univers est toujours là, qui nous attend. Le seul fait de lever les yeux vers le ciel nous aide à changer la perspective.

Ce spectacle au-dessus de nos têtes nous paraît plus majestueux la nuit, mais cette particularité ne relève pas de l'univers ; elle est plutôt humaine. Saturés de préoccupations durant la journée, nous ne nous intéressons guère à ce qui se trouve au-delà de quelques mètres autour de nous, et quand nous regardons le ciel, c'est généralement pour nous inquiéter de la météo. La nuit, en revanche, nos préoccupations tendent à se dissiper, et le spectacle majestueux de la Lune, des étoiles, de la Voie lactée, voire – pour les plus chanceux d'entre nous – d'une comète ou d'un satellite, devient visible dans l'objectif d'un petit télescope, et même à l'œil nu.

Ce que nous voyons lorsque nous prenons la peine de regarder a, depuis la nuit des temps, inspiré l'humanité. On avance même qu'en Europe certaines peintures réalisées dans des grottes il y a quarante mille ans indiqueraient que nos lointains ancêtres suivaient déjà le mouvement des astres. Poètes et philosophes, théologiens et chercheurs se sont nourris de ce spectacle pour s'émerveiller, agir et faire progresser notre civilisation. C'est, après tout, le développement de l'astronomie qui a conduit Nicolas Copernic, Galilée et Isaac Newton à accomplir leur révolution scientifique et détrôner la Terre du centre de l'univers. Ces illustres savants ne furent pas les premiers à envisager pour notre monde une place plus modeste, mais, à l'inverse des philosophes et des théologiens qui les avaient précédés, ils ont étayé leurs hypothèses par des observations – méthode qui a servi depuis aux principales avancées de la civilisation humaine.

J'ai passé l'essentiel de ma carrière scientifique à étudier l'univers avec curiosité et rigueur. Directement ou indirectement, tout ce qui se trouve au-delà de notre atmosphère fait partie de mon métier. À l'heure où j'écris ces lignes, je dirige le département d'astronomie de l'université de Harvard, et son programme consacré aux trous noirs, ainsi que l'Institut de théorie et de calcul du centre d'astrophysique Harvard-Smithsonian, tout en présidant le programme Breakthrough Starshot Initiative et le comité de physique et d'astronomie de l'Académies des sciences des États-Unis. Je suis aussi membre du conseil consultatif de la plateforme numérique Einstein : visualiser l'impossible, à l'Université hébraïque de Jérusalem, et membre du Conseil consultatif des sciences et technologies auprès du président des États-Unis à Washington. J'ai la chance de côtoyer à travers mon travail des chercheurs et des étudiants de grand talent, dans une réflexion commune sur l'univers et ses plus profonds mystères.

Ce livre explore l'une de ces questions fondamentales, sans doute celle qui prête le plus à conséquence : sommes-nous seuls ? Cette question a été formulée de nombreuses manières au cours de l’histoire. Dans l’univers, la vie existe-t-elle uniquement sur Terre ? Les êtres humains sont-ils les seules intelligences conscientes apparues dans l’immensité de l’espace et du temps ? En d’autres termes, pour poser la question de façon plus pointue et plus précise, à travers l’étendue du cosmos et tout au long de son histoire, y a-t-il eu – et y a-t-il actuellement – d’autres civilisations conscientes qui, à l’instar de la nôtre, ont exploré l’espace interstellaire et laissé des témoignages de leurs entreprises ?

J’ai la conviction qu’en 2017 un tel témoignage a traversé notre système solaire, nourrissant l’hypothèse qu’il faut répondre par l’affirmative à cette question. Dans ce livre, je passe en revue les faits, teste l’hypothèse qui s’y rapporte et interroge les conséquences qui pourraient en être tirées si les chercheurs lui accordaient du crédit – ainsi qu’ils le font pour la supersymétrie, les dimensions supplémentaires de l’espace-temps, la nature de la matière noire ou les multivers.

Ce livre pose aussi une autre question, plus difficile encore sans doute. Qu’il s’agisse des chercheurs ou du grand public, sommes-nous prêts ? Notre civilisation est-elle disposée à affronter ce qui découlerait de l’acceptation de cette conclusion – résultant d’une hypothèse étayée par des preuves – que la vie sur Terre n’est pas unique, ni même remarquable ? J’ai peur qu’il faille répondre par la négative à cette question, et cette fermeture d’esprit est un problème.

Comme de nombreuses professions, la communauté scientifique réagit souvent à l’inconnu avec conservatisme, privilégiant les courants de pensée les plus en vogue. Ce conservatisme est parfois louable, la méthode scientifique imposant elle-même des règles de prudence. Toute hypothèse, pour être évaluée, doit être confrontée à des observations qui la modifieront ou appelleront de nouvelles observations. Toutefois, les courants de pensée dominants peuvent conduire à ignorer certaines hypothèses, comme le carriérisme peut concentrer l'attention des chercheurs et leurs ressources vers certains sujets, au détriment d'autres.

La culture populaire n'a guère facilité les choses. Livres et films de science-fiction représentent souvent les extraterrestres d'une manière que la plupart des chercheurs jugent grotesque. Les *aliens* pulvérisent les villes, enlèvent les êtres humains, ou tentent de communiquer avec nous par des voies obscures. Bienveillants comme malveillants, ils sont souvent doués d'une intelligence surhumaine, et leur maîtrise des lois de la physique leur permet de manipuler l'espace-temps et sillonner l'univers – voire les multivers – dans tous les sens et en un clin d'œil. Grâce à leur technologie, ils fréquentent d'autres planètes autour d'autres étoiles, et jusqu'aux cafés et boîtes de nuit terrestres. Au fil des années, j'en suis arrivé à la conclusion qu'il existe seulement deux endroits où les lois de la physique ne sont pas respectées : les singularités et les plateaux de cinéma.

D'un point de vue personnel, je n'aime pas les films de science-fiction qui enfreignent les lois de la physique. J'aime la science et j'aime la fiction, mais uniquement lorsqu'elles restent honnêtes et modestes. D'un point de vue professionnel, j'ai bien peur que les représentations sensationnelles d'extraterrestres aient accouché d'une culture, tant populaire que scientifique, où ce sujet est rarement pris au sérieux, même lorsque des indices montrent qu'il mérite d'être débattu.

Sommes-nous la seule forme de vie intelligente dans l'univers ? La science-fiction nous a au moins préparés à l'éventualité d'une réponse négative, et au fait que nous le découvrirons d'un coup. Le discours scientifique tend quant à lui à éluder la question. Du coup, les humains sont très mal préparés à une rencontre avec leurs homologues extraterrestres. Au sortir d'un film de science-fiction, lorsque nous quittons la salle de cinéma et levons les yeux vers le ciel, le contraste est saisissant : nous ne voyons que l'immense étendue du cosmos, apparemment vide de vie. Mais les apparences peuvent être trompeuses et, dans notre propre intérêt, nous devons cesser de nous leurrer.

Dans son poème *The Hollow Men* (*Les Hommes creux*), une méditation sur l'Europe au sortir de la Première Guerre mondiale, T. S. Eliot écrit que le monde finira sur un murmure, non sur une explosion, comme cela a été le cas de ce dernier conflit – à l'époque le plus meurtrier de l'histoire de l'humanité. Est-ce parce que la philosophie fut à l'université ma première discipline de cœur ? Je perçois autre chose que du désespoir dans cette image de T. S. Eliot. J'y vois aussi un choix éthique.

Notre monde aura une fin, évidemment, et celle-ci interviendra assurément d'un coup, sur une explosion : notre soleil, âgé aujourd'hui de 4,6 milliards d'années, se transformera dans 7 milliards d'années environ en étoile géante rouge, mettant un terme à toute forme de vie sur Terre. Il n'y a aucun doute là-dessus, et cela ne relève pas d'une question éthique.

La question éthique que je décèle dans *Les Hommes creux* de T. S. Eliot ne concerne pas la fin de la Terre, une certitude scientifique, mais l'extinction beaucoup moins certaine de la civilisation humaine – et peut-être, en effet, de toute vie terrestre.

Notre planète s'achemine aujourd'hui vers une catastrophe. La dégradation de l'environnement, le changement climatique, les pandémies et le risque toujours réel d'une guerre nucléaire ne constituent que les menaces les plus visibles auxquelles nous sommes confrontés. Nous avons multiplié les voies de notre propre perte. Celle-ci pourrait intervenir sur une explosion ou sur un murmure, ou les deux à la fois, ou aucun des deux. Toutes les options restent ouvertes.

Quelle voie allons-nous choisir ? Là réside la question éthique du poème d'Eliot.

Et si cette métaphore sur le choix d'une fin s'appliquait aussi à certains commencements ? Si la réponse à la question « Sommes-nous seuls ? » se présentait à nous de façon subtile, évanescente, ambiguë ? S'il fallait pour la saisir user de tous nos pouvoirs d'observation et de déduction ? Et si la réponse à cette question contenait la clef de la précédente : notre civilisation ainsi que la vie sur Terre vont-elles prendre fin, et comment ?

Dans les pages qui suivent, j'explore l'hypothèse qu'une telle réponse a justement été livrée à l'humanité le 19 octobre 2017. Je prends au sérieux non seulement cette hypothèse, mais aussi les messages pour l'humanité qu'elle comporte, les leçons que l'on peut en tirer, et certaines conséquences qui découleraient de nos réactions, ou de notre absence de réaction, à ces leçons.

Si chercher les réponses à de telles questions scientifiques – des origines de la vie à l'origine même de l'univers – peut paraître arrogant, la quête elle-même relève de l'humilité. Quelle que soit la façon de la mesurer, chaque vie humaine est insignifiante ; nos apports individuels ne prennent force qu'inclus dans un corpus constitué par une multitude de générations. Nous sommes juchés sur les épaules de tous ceux qui nous ont précédés, et nos épaules serviront à leur tour de support à ceux qui suivront. Ne pas en tenir compte est dangereux, pour nous comme pour nos descendants.

Il y a aussi une certaine humilité à reconnaître, lorsque nous nous efforçons de comprendre l'univers, que la faille réside dans notre mécanisme de compréhension, pas dans les faits ni dans les lois de la nature. Je l'ai découvert très tôt, lorsque je voulais devenir philosophe ; j'en ai pris conscience une seconde fois lorsque j'ai commencé mes études de physique, et plus encore quand je me suis tourné vers l'astrophysique. Dans ma jeunesse, j'ai été particulièrement marqué par les existentialistes, et leur approche de l'homme confronté à un monde apparemment absurde. Aujourd'hui, comme astrophysicien, je sais parfaitement évaluer ma vie – et toute vie – à l'échelle immense de l'univers. J'en suis arrivé à la conclusion que, lorsqu'on les aborde avec humilité, tant la philosophie que l'univers inspirent l'espoir que l'on peut progresser. Cela demande une bonne collaboration scientifique entre tous les pays et une approche réellement mondiale – mais nous pouvons nous améliorer.

Je crois aussi que l'humanité a besoin d'un coup de pouce.

Si la preuve d'une vie extraterrestre se manifestait dans notre système solaire, s'en apercevrait-on même ? Si nous nous attendons à voir paraître à l'horizon des vaisseaux spatiaux défiant les lois de la gravitation, ne risquons-nous pas de négliger des apparitions plus discrètes ? Et si la preuve était inerte, prenant la forme d'un objet technologique « éteint » – une sorte d'épave, vieille d'un milliard d'années ?

C'est le genre d'expérience mentale que je propose à Harvard à mes étudiants de première année. Un vaisseau extraterrestre se pose dans la cour de l'université et ses passagers font savoir qu'ils sont pacifiques. Ils visitent les

2. La ferme

L'un de mes plus anciens souvenirs est mon arrivée un peu en retard pour mon premier jour d'école, en cours élémentaire. Quand j'entrai en classe, les autres enfants étaient en train de courir partout, de sauter sur leurs chaises et même sur leurs pupitres : un désordre indescriptible.

Ma première réaction fut la curiosité. J'ai regardé faire mes camarades de classe et je me suis demandé : *dois-je me joindre à eux ? Est-ce raisonnable d'agir ainsi ? Pourquoi le font-ils ? Et pourquoi le ferais-je ?* Je suis resté immobile à la porte un long moment, essayant de résoudre toutes ces questions dans ma tête.

L'institutrice est arrivée sur ces entrefaites. Elle était pour le moins mécontente. Ce n'était pas ainsi qu'elle avait prévu de débuter l'année. Aspirant à asseoir son autorité et calmer les élèves, elle a vu en moi l'opportunité de mettre les choses au point. « Regardez Avi, comme il est sage », a-t-elle lancé à la classe, « ne pouvez-vous pas suivre son exemple ? ».

Elle n'avait pas compris que mon calme n'avait aucun mérite. Je n'avais pas décidé que la meilleure chose à faire était de rester debout sans faire de bruit pour attendre la maîtresse. Je n'avais simplement pas encore déterminé si je devais ou non me joindre au chahut.

Je voulais l'expliquer à la maîtresse, mais je ne l'ai pas fait et, avec le recul, je pense que c'est dommage. La leçon que les autres élèves en auraient tirée – une leçon que j'ai moi-même tenté d'enseigner à mes étudiants –, c'est que la question n'est pas de suivre ou non la foule, mais de prendre le temps de comprendre une situation avant d'agir.

La réflexion apporte avec elle l'humilité de l'incertitude. Là aussi, c'est une attitude envers le monde que j'ai cherché à adopter, puis à communiquer à mes étudiants de Harvard ainsi qu'à mes filles. Après tout, c'est ce que mes propres parents ont tenté de m'enseigner.

J'ai grandi en Israël dans la ferme de mes parents à Beit Hanan, un village situé à une vingtaine de kilomètres au sud de Tel-Aviv. Cette communauté agricole, fondée en 1929, comptait à ses débuts 178 habitants. Au dernier recensement, en 2018, ils n'étaient pas plus de 548. Lorsque j'étais enfant, le village était connu pour ses serres et ses vergers, où l'on cultivait toutes sortes de fruits, de légumes et de fleurs. C'était aussi un *mochav*, un type particulier de village. À la différence d'un kibboutz, où la terre est cultivée de manière communautaire, un mochav est formé de familles indépendantes qui possèdent chacune leur ferme.

La nôtre se distinguait par son grand verger de pacaniers – mon père dirigeait la production de noix de pécan en Israël – mais nous avions aussi des orangers et des pamplemoussiers. Quand j'étais enfant, les pacaniers me semblaient immenses – atteignant trente mètres de haut – mais les arbres à agrumes, embaumant l'air de leur parfum enivrant lorsque leurs fruits étaient mûrs, et ne dépassant pas les trois ou quatre mètres, étaient suffisamment bas pour que je puisse y grimper.

L'entretien du verger et des engins agricoles était une occupation à temps plein pour mon père, David, qui était très habile face aux difficultés. En fait, mes souvenirs de lui sont surtout liés aux objets dont il s'occupait : les tracteurs qu'il entretenait, les arbres dont il prenait soin, et les appareils et machines qu'il réparait à la maison ou sur la ferme. Je me rappelle en particulier ce jour où, durant l'été 1969, il est monté sur le toit de la maison pour ajuster l'antenne de télévision en vue de l'alunissage d'Apollo 11.

Malgré toute la compétence de mon père, la charge de travail était si importante qu'il restait à mes deux sœurs et moi nombre de tâches quotidiennes à accomplir. Nous nous occupions des poules et, dès mon plus jeune âge, je ramassais les œufs chaque après-midi et passais des nuits à chercher avec ma lampe de poche des poussins échappés de leur cage.

Dans les années 1960 et 1970 – celles de mon enfance –, Israël était plutôt instable. À l'issue de la Seconde Guerre mondiale, avec les réfugiés juifs, la population de la région avait augmenté d'un bon tiers, passant de deux millions à plus de trois millions d'habitants. De nombreux immigrants venaient d'Europe, et le souvenir de la Shoah était présent dans tous les esprits. En outre, les pays arabes du Moyen-Orient étaient hostiles à l'État d'Israël, résolu de son côté à ne rien céder. Les conflits s'enchaînaient donc : la guerre du Sinaï en 1956 fut suivie de la guerre des Six Jours en 1967 qui fut suivie à son tour de la guerre du Kippour en 1973. Alors que l'État d'Israël n'était vieux que de quelques dizaines d'années, l'histoire ancienne et l'histoire moderne s'y entremêlaient, et les Israéliens de l'époque – comme ceux d'aujourd'hui – étaient bien conscients que la survie de leur nation dépendait des choix qu'ils feraient et de leurs conséquences.

C'est aussi un beau pays, et Beit Hanan et la ferme familiale offraient des cadres merveilleux pour grandir. Une atmosphère de liberté y régnait qui a nourri mes premiers écrits : des notes que j'ai compilées et rangées dans le tiroir supérieur de mon bureau. Tout au long de ma vie d'adulte j'ai été animé par la foi que, si jamais mon caractère de libre penseur me causait des ennuis, je pourrais toujours, et avec bonheur, retourner dans la ferme de mon enfance.

On dit souvent qu'une vie est la collection des endroits que l'on a visités. C'est une illusion. La vie est une suite d'événements : le résultat de choix, dont quelques-uns seulement relèvent de notre libre arbitre.

Il existe, bien sûr, des fils conducteurs. Ainsi, la science à laquelle je me consacre est directement liée à mon enfance. C'était une époque d'insouciance, où je m'interrogeais sur les grandes questions de la vie, où j'admirais la beauté de la nature, et où je ne me préoccupais guère, dans les vergers et dans mon quartier, des apparences ou de mon statut social.

La chaîne de causalités qui m'a conduit à Beit Hanan a pour point de départ la décision de mon grand-père Albert (dont je porte le prénom, traduit en hébreu) de fuir l'Allemagne nazie. Plus clairvoyant que la moyenne, il avait anticipé l'étendue du désastre à venir, l'enchaînement rapide des événements augurant, même avant le début de la Seconde Guerre mondiale, une marge de manœuvre toujours plus réduite pour les Juifs, et des conséquences de plus en plus terribles pour ceux qui ne prendraient pas la bonne décision.

Par chance pour lui, et pour moi, Albert a fait le bon choix. Il a quitté l'Allemagne en 1936 et emménagé à Beit Hanan peu après sa fondation. Bien que mal établie encore et ébranlée, comme le monde en général, par la perspective d'une guerre imminente, la communauté agricole représentait un endroit relativement sûr. Peu après son arrivée, Albert fut rejoint par ma grand-mère Rosa et leurs deux fils, notamment mon père qui avait onze ans à l'époque. Celui-ci vit son prénom changer, avec le passage d'une société allemande à une société juive, de Georg à David.

Ma mère, Sara, émigra elle aussi à Beit Hanan depuis un pays lointain. Elle était née et avait grandi à Haskovo, près de Sofia, la capitale de la Bulgarie. Ce hasard de la géographie qui la faisait bulgare et non allemande l'avait sauvée durant la guerre, ainsi que le reste de sa famille. Bien qu'elle se fût alliée au régime nazi, la Bulgarie avait conservé une souveraineté relative, et la capacité d'opposer une résistance aux demandes de plus en plus pressantes d'Adolf Hitler de déporter les Juifs du pays en Allemagne. Alors qu'enflaient les rumeurs concernant les camps de la mort, l'Église orthodoxe bulgare protesta contre les déportations, et le roi prit la décision de ne pas céder aux requêtes allemandes. Plus exactement, il déclara que la Bulgarie avait besoin de ses Juifs comme main-d'œuvre, et cela lui permit de protéger un grand nombre d'entre eux. Ma mère bénéficia ainsi d'une scolarité à peu près normale. Elle étudia dans une école monastique française, et suivit ensuite des cours à l'université de Sofia. Mais en 1948, avec l'Europe en ruines au lendemain de la guerre et l'Union soviétique qui étendait son influence sur ses voisins, elle quitta l'université et émigra avec ses parents en Israël, l'année de la fondation du pays.

Les premiers fondateurs de Beit Hanan venaient de Bulgarie : que la famille de Sara s'y soit installée n'a donc rien de surprenant. Le village agricole était bien différent de la cité cosmopolite et universitaire qu'elle venait de quitter, mais il ne manquait pas de charme. Peu après son arrivée, elle rencontra mon père. Ils tombèrent amoureux, se marièrent et eurent trois enfants : mes deux sœurs aînées, Shashana (Shoshi) et Ariela (Reli), puis moi-même en 1962.

Ces premières années, ma mère se consacra à sa famille et à la communauté. Elle était une boulangère réputée dans la région et elle maîtrisait bien le tricot – ce qui m'a valu de nombreux chandails –, mais même dans cet endroit isolé qu'était Beit Hanan elle continua à mener une vie intellectuelle, qui ne se limitait pas à la lecture. Elle souhaitait en effet utiliser son intelligence dans les affaires courantes, et tout le monde faisait confiance à son intégrité et son jugement, que ce soit les responsables du village ou des visiteurs qui venaient à la ferme lui demander son avis. J'en ai bien sûr profité directement. Elle ne me cachait pas être très soucieuse de mon projet de vie, de mes choix, de mes centres d'intérêt. Comme un jardinier arrosant ses plantes et en prenant soin, elle était dévouée et méticuleuse quand il s'agissait de cultiver la curiosité de ses enfants.

Elle suivait aussi sa propre curiosité. Lorsque je fus adolescent, elle retourna à l'université et termina sa licence. Elle obtint ensuite un doctorat en littérature comparée. Tout cela sans nous tenir écartés le moins du monde : elle m'encourageait au contraire à l'accompagner à son cours de philosophie et me poussait à lire la plupart des livres qui figuraient sur sa liste d'étude.

C'est donc grâce à ma mère que je suis tombé amoureux de la philosophie, et en particulier de l'existentialisme. Je rêvais de faire de la réflexion mon métier. Les fins de semaine, je me saisissais d'un livre de philosophie, le plus souvent œuvre des existentialistes, y compris les romans qu'ils écrivirent ou inspirèrent, et, juché sur notre tracteur, je l'emportais avec moi dans les collines pour lire pendant des heures.

En me remémorant ces jours heureux dans la ferme familiale, j'ai la conviction que si jamais l'humanité trouve une seconde planète habitable où fonder une autre branche de notre civilisation, les colons qui s'y installeront ne seront pas très différents de ceux de Beit Hanan. Comme l'histoire nous l'apprend, l'établissement d'avant-postes entraîne à chaque fois les mêmes impératifs.

Il s'agit avant tout de produire de la nourriture, et de veiller collectivement les uns sur les autres, depuis les plus âgés jusqu'aux plus jeunes. Les colons devront être ingénieux et talentueux dans de nombreux domaines, capables de réparer et de concevoir des machines, de cultiver la terre et d'éduquer les enfants. À mon avis, la vie intellectuelle a aussi sa place, y compris dans les endroits les plus reculés. Et lorsque les enfants deviendront adultes, je pense que l'on attendra d'eux, comme de moi à l'époque, qu'ils participent à un service civique obligatoire.

Mon rêve de devenir philosophe, et d'étudier les questions fondamentales qui se posent à l'être humain depuis des millénaires, fut retardé par le service militaire auquel sont soumis les Israéliens âgés de plus de dix-huit ans. Ce service militaire est requis de tous. Comme j'avais montré au lycée des aptitudes en physique, je fus sélectionné pour Talpiot, un programme nouveau où une vingtaine de recrues par an effectuaient des recherches dans le domaine de la défense tout en suivant un entraînement militaire intensif. Je dus mettre de côté mes ambitions universitaires, Jean-Paul Sartre et Albert Camus : les philosophes existentialistes ne cadraient guère avec le rôle que l'on m'avait assigné, et les problèmes de physique seraient la seule forme de réflexion créative qui me serait autorisée au cours de mes années de service militaire.

Nous portions l'uniforme de l'armée de l'air, mais rencontrions également toutes les autres branches des forces de défense israéliennes. Nous suivions l'entraînement de base de l'infanterie, prenions des cours d'artillerie et d'ingénierie militaire, apprenions à conduire des tanks, portions de lourdes mitraillettes lors de longues marches nocturnes, et sautions depuis des avions en parachute. Heureusement, j'étais un bon sportif, de sorte que les épreuves physiques, exigeantes, m'étaient supportables. Et, en marge de toutes ces activités, je suivais avec le plus grand plaisir des cours à l'Université hébraïque de Jérusalem.

Dans le programme Talpiot, les cours de physique et de mathématiques étaient obligatoires. Ces matières me paraissaient assez voisines de la philosophie, et, quoi qu'il en soit, n'importe quel cours universitaire me semblait plus intéressant que piétiner dans la boue avec un fusil sur le dos. J'ai en tout cas fait de mon mieux pour répondre aux attentes de mon gouvernement. À cette époque également, j'ai commencé à me rendre compte que si la philosophie posait des questions fondamentales, elle permettait rarement de les résoudre. La science, en revanche, m'offrirait peut-être quelques réponses.

Après trois ans d'études et d'entraînement militaire, j'étais censé enchaîner sur un projet industriel ou militaire aux applications pratiques immédiates. Mais j'ai voulu une voie plus créative dans le domaine de la recherche, qui me poserait des défis d'ordre plus intellectuel. J'ai visité un laboratoire qui ne figurait pas sur la liste officielle des instituts recommandés, et proposé un projet de recherche hors du cadre traditionnel. J'avais déjà à mon actif plusieurs projets réussis, dans le cadre tant de mes cours que de mon entraînement militaire, et les hauts responsables de Talpiot ont validé mon sujet de recherche – à titre expérimental d'abord, sur trois mois, avec reconduction possible pour les cinq ans qui me restaient à servir, de 1983 à 1988.

Mes travaux touchaient à de nouveaux domaines, dont certains ont piqué la curiosité de ma hiérarchie. Animé par un esprit d'innovation, j'ai ainsi développé un concept – qui a débouché sur un brevet – visant à utiliser une décharge électrique pour propulser des projectiles à des vitesses supérieures à celles que permettait la propulsion chimique classique. Le projet s'est développé au point d'impliquer tout un département du laboratoire – une vingtaine de chercheurs – et fut le premier programme international à recevoir un financement de la part de l'Initiative de défense stratégique (IDS) du gouvernement américain (ce projet lancé par le président Ronald Reagan en 1983, surnommé « guerre des étoiles » par les médias, visait à mettre en place pour protéger le pays un ambitieux système de défense anti-missile).

À l'époque, la guerre froide que se livraient les États-Unis et l'Union soviétique – bras de fer entre démocratie et communisme – semblait une composante immuable des relations internationales. Les deux camps avaient chacun constitué un vaste arsenal nucléaire, suffisant pour détruire plusieurs fois leur adversaire.

L'horloge de l'Apocalypse, un concept inventé par les chercheurs du *Bulletin of the Atomic Scientists* et censé illustrer l'imminence d'une catastrophe causée par l'homme – nucléaire ou autre –, voyait durant ces années son aiguille osciller entre sept et trois minutes avant l'heure fatidique de minuit.

L'Initiative de défense stratégique s'inscrivait dans cet affrontement. Elle prévoyait l'utilisation de lasers et autres armes d'avant-garde pour la destruction en vol des missiles balistiques ennemis, et, avant son abandon en 1993, elle joua un rôle politique majeur, précipitant la fin de la guerre froide et l'effondrement de l'Union soviétique.

Mes travaux de recherche constituèrent la colonne vertébrale de ma thèse de doctorat, que je terminai à l'âge de vingt-quatre ans. Elle traitait de la physique des plasmas, l'un des quatre états fondamentaux de la matière : on trouve du plasma à l'intérieur des étoiles, dans les éclairs et dans certains écrans de téléviseurs. Si vous vous posiez la question, ma thèse avait pour titre *L'Accélération des particules à de hautes énergies et l'Amplification du rayonnement cohérent grâce aux interactions électromagnétiques dans les plasmas* – titre beaucoup moins accrocheur que celui de ce livre, à n'en pas douter.

Même avec un doctorat en poche, je n'étais pas certain, à ce stade, de la voie que je devais suivre. Je n'étais pas particulièrement attiré par une carrière dans la physique des plasmas. Un retour à Beit Hanan m'attirait toujours. Et, dans mon for intérieur, j'étais tenté de changer totalement de direction et de retourner à la philosophie. Mais je fus alors confronté à une série de choix, dont certains seulement relevaient de mon libre arbitre, qui me lancèrent sur une tout autre trajectoire.

Tout commença lors d'un trajet en bus, pendant mon service militaire. Le physicien Arie Zigler, assis à mes côtés, en vint à mentionner l'Institut d'études avancées (Institute for Advanced Study, IAS) de Princeton, dans le New Jersey, comme l'endroit le plus prestigieux pour poursuivre des travaux de post-doctorant. Peu après, lors d'un voyage à Washington pour rencontrer des représentants du programme IDS, puis de nouveau lors d'un congrès de physique des plasmas à l'université du Texas à Austin, je pus échanger avec Marshall Rosenbluth, le « pape » de la physique des plasmas. Je savais qu'il était affilié à l'institut de Princeton, et je lui demandai conseil. Il me suggéra de faire une petite visite à l'institut, et je téléphonai immédiatement à son agent administratif à l'IAS, Michelle Sage, pour savoir si je pouvais venir la semaine suivante. « Nous n'autorisons pas n'importe qui à venir nous voir », me répondit-elle. « Envoyez-moi votre CV et je vous ferai savoir si vous pouvez nous rencontrer. »

Sans me démonter, je lui envoyai la liste de mes onze publications et la rappelai quelques jours plus tard. Cette fois, elle me fixa un rendez-vous pour une visite avant la fin de mon séjour aux États-Unis. Quand je me rendis à l'institut, le jour convenu, Michelle m'avertit : « Un seul professeur aujourd'hui dispose d'un peu de temps : Freeman Dyson. Je vais l'avertir. »

J'étais aux anges. Je me souvenais du nom de Dyson, mentionné dans mes cours d'électrodynamique quantique. À peine avais-je pris place dans son bureau qu'il me lança : « Oh, vous venez d'Israël ? Connaissez-vous John Bahcall ? Il aime bien les Israéliens. » Devant mon air intrigué, il ajouta : « Son épouse, Neta, est israélienne. » Je lui avouai que je n'avais jamais entendu parler de John Bahcall, et encore moins de sa femme.

John Bahcall était astrophysicien, devais-je apprendre, et je le rencontrai peu après pour déjeuner : il m'invita alors à revenir à Princeton pour y séjourner un mois entier. Il mena entre-temps sa petite enquête internationale, demandant aux chercheurs les plus réputés d'Israël, notamment Yuval Ne'eman, ce qu'ils pensaient de moi. Quoi qu'ils aient dit à mon sujet, à la fin de ma seconde visite John Bahcall m'appela dans son bureau et me proposa un prestigieux poste de recherche, sur cinq ans, mais à la condition expresse que je me consacre à l'astrophysique.

Bien sûr, j'acceptai l'offre.

Lorsqu'on me fit cette proposition de dédier ma carrière professionnelle à l'astrophysique, je ne savais même pas ce qui faisait briller le Soleil. En outre, le champ d'étude de John Bahcall était la création de particules au cœur du Soleil, qui interagissent faiblement avec la matière et qu'on appelle neutrinos. Mon ignorance dans ce domaine était d'autant plus embarrassante. Jusqu'alors, je m'étais consacré à l'étude des plasmas générés sur Terre et à leurs applications pratiques.

Bahcall était tout à fait conscient des limites de mes recherches antérieures. Cela ne l'empêcha pas de m'offrir le poste. Qu'il prît ce risque semblait incroyable à l'époque, et le serait encore plus aujourd'hui (les pratiques académiques ont évolué depuis, et je doute fort qu'il soit de nos jours possible de faire une telle offre à un étudiant). Je lui en étais reconnaissant et le suis toujours aujourd'hui. En acceptant le poste, j'étais décidé à montrer à Bahcall que sa confiance était bien placée, tout comme celle de tous les chercheurs qui avaient soutenu ma candidature.

Même s'il me fallut apprendre le vocabulaire qui avait trait à l'astrophysique pour commencer à écrire des articles de recherche, le domaine m'était familier. Le plasma est un état de la matière à très haute température, lorsque les atomes se décomposent en un mélange d'ions de charge positive (les atomes qui ont perdu des électrons) et d'électrons libres, de charge négative. Bien que la plus grande partie de la matière dans l'univers se trouve aujourd'hui sous forme de plasma, notamment à l'intérieur des étoiles, son étude sur Terre se limite essentiellement aux conditions que l'on rencontre en laboratoire, bien différentes de celles qui dominent dans le cosmos. En m'appuyant sur mon expérience, mes premiers travaux de recherche en astrophysique se concentrèrent sur la question de savoir quand et comment la matière du cosmos est devenue du plasma. Ainsi débuta ma fascination pour ce premier âge de l'univers, et les conditions qui ont présidé à la naissance des étoiles.

Après trois années passées à l'IAS, on me recommanda de poser ma candidature dans les universités voisines pour un poste de professeur assistant, y compris au département d'astronomie de l'université de Harvard : je m'y retrouvai en seconde position sur la liste pour le poste. Dans ce département, les professeurs assistants étaient rarement élevés par la suite au rang de professeur titulaire, de sorte que les candidats réfléchissaient à deux fois avant de signer : ce fut le cas de celui qui figurait avant moi sur la liste.

Et c'est ainsi que je me retrouvai en première ligne. J'acceptai le poste avec enthousiasme. Je me rappelle très clairement mes réflexions avant cette décision. Si cette aventure ne débouchait pas sur un poste permanent, me dis-je, je pourrais toujours retourner dans la ferme de mon père, ou alors me tourner vers mon premier amour, la philosophie.

J'arrivai donc à Harvard en 1993. Trois ans plus tard, je devenais professeur titulaire.

Je pense avec le recul que John Bahcall n'avait pas seulement eu confiance en moi, faisant le pari que je pourrais passer de la physique des plasmas à l'astrophysique, il avait aussi vu en moi une âme sœur, voire une version plus jeune de lui-même. Bahcall avait suivi le même parcours, s'inscrivant à l'université pour étudier la philosophie, avant de rapidement se rendre compte que la physique et l'astronomie offraient un angle d'attaque plus direct pour révéler les vérités fondamentales de l'univers.

J'en vins à la même conclusion peu après avoir pris congé de John et de l'IAS. Dès mes débuts à Harvard en 1993, je réalisai qu'il était trop tard pour changer de voie et embrasser une carrière de philosophe. Plus important, je découvrai que mon « mariage arrangé » avec l'astrophysique me permettait de retrouver cet amour de jeunesse : la philosophie avait simplement pris un autre visage.

Je comprenais que l'astronomie soulève des questions autrefois chasse gardée de la philosophie et de la religion, notamment les plus fondamentales d'entre elles : « comment l'univers est-il né ? » ou encore « quelle est l'origine de la vie ? ». Je découvrais également que scruter l'immensité du cosmos, son origine et sa fin, offre un cadre parfait pour méditer la question « qu'est-ce qui fait que la vie vaut d'être vécue ? ».

Souvent, la réponse nous saute aux yeux. Il faut simplement avoir le courage de l'admettre. Durant une visite à Tel-Aviv en décembre 1997, je me rendis à un rendez-vous arrangé avec une certaine Ofrit Liviatan. Je l'aimai immédiatement, et alors tout a changé. Malgré la distance géographique, nous avons développé une amitié profonde. Jamais je n'avais rencontré quelqu'un comme elle, et je savais qu'une telle opportunité ne se représenterait pas.

Bien avant d'être confronté au cas 'Oumuamua, j'ai appris que, dans tous les domaines de l'existence, il faut savoir reconnaître les indices importants, et les explorer avec émerveillement, humilité et ténacité peut tout changer – si on reste ouvert à leurs conséquences. Heureusement pour moi, à ce stade de ma vie, j'étais prêt.

Ofrit et moi nous sommes mariés deux ans plus tard, et elle a su comme moi trouver sa place dans le système de Harvard, devenant directrice du programme de séminaires des étudiants de première année. Dans notre vieille maison des faubourgs de Boston, construite à l'époque où Einstein bouclait sa théorie sur la relativité restreinte, Ofrit et moi avons élevé nos deux filles. Qu'une telle chaîne causale mette bout à bout la décision de mon grand-père de quitter l'Allemagne en 1936, la rencontre de mes parents à Beit Hanan et le fait qu'Ofrit et moi nous retrouvons à élever nos deux filles Klil et Lotem dans cette bourgade de Lexington me laisse penser qu'est bien mince la frontière qui sépare philosophie, théologie et science. Observer des enfants devenir adultes me rappelle que les actes les plus banals de notre existence relèvent d'un miracle dont l'origine remonte au Big Bang.

Au fil du temps, j'en suis venu à aimer la science un peu plus que la philosophie. Alors que les philosophes passent une grande partie de leur temps à l'intérieur de leur propre tête, les scientifiques entretiennent un dialogue constant avec le monde extérieur. Ils posent à la nature un certain nombre de questions et conduisent des expériences pour obtenir des réponses. Lorsqu'elle est conduite honnêtement, l'aventure apporte une belle leçon d'humilité. Le succès de la théorie de la relativité d'Albert Einstein, développée dans une série de publications entre 1905 et 1915, n'est pas due uniquement à son élégance. Elle ne fut acceptée qu'en 1919, dès lors que Sir Arthur Eddington, secrétaire de la Société royale d'astronomie basée à Londres et grand astronome lui-même, confirma la prédiction, dérivée de la théorie, que le champ gravitationnel du Soleil serait capable d'infléchir la trajectoire de rayons lumineux. Ce qui est magnifique pour tout chercheur, c'est lorsqu'une théorie sort victorieuse de sa confrontation avec le réel.

Bien que je me penche aujourd'hui sur les questions existentielles de ma jeunesse d'une façon bien différente que ne le firent à leur époque Jean-Paul Sartre et Albert Camus, je pense que le petit garçon juché sur son tracteur dans les collines de Beit Hanan aurait été satisfait d'un tel dénouement : cette suite d'opportunités et de choix commencée avec un rendez-vous surprise et conduisant à une petite famille établie à Lexington.

J'ai tiré une autre leçon de mon histoire familiale, leçon qui m'était inaccessible lorsque j'étais plus jeune, et que je conserve désormais à l'esprit quand j'étudie les visiteurs interstellaires qui traversent notre système solaire.

De temps en temps, presque par accident, quelque chose d'exceptionnellement rare et particulier croise votre chemin. La vie consiste à reconnaître clairement ce qui se présente à vous.

J'ai le sentiment que mon parcours quelque peu inhabituel m'a préparé à ma rencontre avec 'Oumuamua. D'un point de vue scientifique, mon expérience m'a enseigné les valeurs de liberté et de diversité, en particulier dans le choix des collaborateurs et des domaines de recherche.

Les bénéfices que les astronomes tirent d'un dialogue avec les sociologues, les anthropologues, les politologues et, bien sûr, les philosophes peuvent être tout à fait remarquables. Mais j'ai appris que, dans les cercles académiques, une carrière pluridisciplinaire connaît souvent le même sort qu'un coquillage rare échoué sur une plage : si personne ne prend la peine de le ramasser, il se trouvera petit à petit érodé, jusqu'à ce que les rouleaux de l'océan le réduisent en minuscules grains de sable.

Tout au long de ma carrière, j'aurais pu à de nombreuses reprises m'orienter vers une voie différente, moins aléatoire. J'ai rencontré beaucoup de chercheurs et professeurs qui, malgré des qualifications professionnelles semblables aux miennes, n'ont pas rencontré d'opportunités équivalentes. Lorsqu'on examine avec honnêteté le monde académique, on se rend compte que les contributions des chercheurs dépendent étroitement des opportunités dont ils ont bénéficié ou dont ils ont été privés. On peut d'ailleurs en dire autant de presque tous les aspects de la vie.

Conscient du soutien des personnes m'ayant offert de telles opportunités, je prends à cœur d'aider les jeunes à se réaliser, même quand cela implique de bousculer les idées établies, voire certaines pratiques fâcheuses. Dans le cadre de cette mission, je me suis obstiné à préserver, à travers mon enseignement et mes recherches, une approche du monde que certains pourraient juger enfantine. Si c'est le cas, je ne m'en offusque nullement. D'après mon expérience, les enfants suivent leur boussole intérieure avec plus d'honnêteté et moins de prétention que beaucoup d'adultes. Et plus on est jeune, moins on a tendance à brider sa pensée pour se conformer à celle des autres.

Cette approche de la science m'a conduit, dans les domaines que j'étudie, à embrasser des perspectives particulièrement ambitieuses – *audacieuses* diraient certains. Ainsi en est-il de l'idée que 'Oumuamua – l'objet interstellaire qui a traversé notre ciel en octobre 2017 – n'est pas un phénomène naturel.

3. Anomalies

La recherche scientifique ressemble à une enquête policière. Une enquête, pour les astrophysiciens, particulièrement ardue. Aucun autre domaine de la recherche ne se trouve confronté à une telle diversité d'échelles et de concepts. Notre enquête commence avant le Big Bang et se poursuit jusqu'à la fin des temps, même si nous considérons que les notions mêmes de temps et d'espace sont relatives. Elle descend jusqu'aux dimensions des électrons et des quarks – les plus petites particules connues. À l'inverse, elle s'étend jusqu'aux confins de l'univers. Et elle concerne – directement ou indirectement – tout ce qui se trouve entre les deux.

Notre enquête reste incomplète dans bien des domaines. Nous ne comprenons toujours pas la nature des principaux constituants de l'univers, que nous appelons par ignorance *matière noire* (qui, en masse, contribue cinq fois plus au bilan total du cosmos que la matière ordinaire dont nous sommes constitués) et *énergie sombre* (qui domine la matière ordinaire et la matière noire et qui cause, en tout cas à l'époque actuelle, une étrange accélération de l'expansion de l'univers). Nous ne comprenons pas non plus ce qui a déclenché l'expansion de l'univers ou ce qui se passe à l'intérieur d'un trou noir – deux champs d'étude dans lesquels je me suis beaucoup impliqué depuis que je me suis tourné vers l'astrophysique il y a maintenant de nombreuses années.

Notre ignorance est si grande que je me demande souvent si une autre civilisation, qui aurait la chance de mener des recherches scientifiques durant un milliard d'années, daignerait nous classer parmi les espèces intelligentes. Si elle le faisait malgré tout, ce serait, à mon avis, du fait moins de ce que nous savons que de comment nous le savons, c'est-à-dire notre fidélité à la méthode scientifique. C'est notre ouverture d'esprit face aux données qui nous vaudra ou non d'appartenir à une telle intelligence universelle.

Très souvent, ce qui pousse un chercheur à lancer une enquête scientifique est la découverte d'une anomalie dans les données d'une expérience ou d'une observation : un indice qui ne correspond pas à nos attentes et ne peut s'expliquer à la lumière de nos connaissances. Dans de telles situations, la pratique courante consiste à proposer une panoplie d'explications possibles et à les éliminer une par une par la confrontation avec de nouvelles données, jusqu'à isoler l'interprétation correcte. Ce fut le cas notamment lors de la découverte de la matière noire par Fritz Zwicky au début des années 1930 ; elle était fondée sur le constat que le mouvement des galaxies au sein de leurs amas ne pouvait s'expliquer que par un surcroît de masse, lequel n'apparaissait pas dans nos télescopes. La proposition de Zwicky fut largement ignorée jusqu'aux années 1970, lorsque de nouvelles données sur le mouvement des étoiles au sein des galaxies et le taux d'expansion de l'univers apportèrent la preuve irréfutable de sa justesse.

Ce processus de tri d'hypothèses concurrentes peut diviser, voire fracturer la communauté scientifique, dressant leurs partisans respectifs les uns contre les autres jusqu'à ce qu'un camp finisse – parfois – par l'emporter.

C'est le cas du débat actuel concernant 'Oumuamua, un débat qui se prolonge faute de preuves tangibles. Il faut d'ailleurs admettre d'entrée de jeu que la probabilité que les chercheurs obtiennent un jour de telles preuves est très faible. Rattraper le fuyant 'Oumuamua et le photographier est impossible. Les données aujourd'hui en notre possession resteront donc les seules dont nous disposerons jamais : nous ne pourrons plus qu'échafauder des hypothèses pour les expliquer. Cette démarche n'en demeure pas moins rigoureusement scientifique. Personne ne peut inventer de nouvelles données ; personne ne peut ignorer des données qui se trouvent en contradiction avec une hypothèse ; et personne ne peut s'en tirer avec une pirouette, comme dans le vieux dessin humoristique où un savant ajoute dans une équation complexe : « ici, un miracle se produit ». L'option la plus dangereuse, la plus préoccupante serait de déclarer au sujet de 'Oumuamua : « circulez, il n'y a rien à voir, nous avons tiré toutes les informations utiles et nous pouvons retourner à nos travaux de routine ». Malheureusement, à l'heure où j'écris ces lignes, cela semble être le choix de bon nombre de chercheurs.

Le débat scientifique qui suivit la découverte de 'Oumuamua fut au début relativement apaisé. Sans doute n'étions-nous pas alors conscients des anomalies les plus captivantes de l'objet. L'enquête pouvait être rangée parmi les affaires classées : l'explication la plus plausible concernant 'Oumuamua, qui voulait qu'on ait affaire à un astéroïde ou à une comète interstellaire, était aussi la plus simple et la plus familière.

Mais, au fil des jours en cet automne 2017, j'ai commencé, comme nombre de chercheurs à travers le monde, à m'interroger sur les données. Comme, là encore, une large partie de la communauté scientifique internationale, je ne parvenais pas à concilier les données avec l'hypothèse que 'Oumuamua était une comète ou un astéroïde interstellaire. Alors que nous nous appliquions tous à le ranger dans une de ces cases, j'ai formulé des premières hypothèses alternatives pour tenter d'expliquer les particularités étranges de l'objet, lesquelles s'avéraient de plus en plus nombreuses.

Quoi que l'on finisse par conclure au sujet de 'Oumuamua, force est de constater qu'il a été, et demeure, une anomalie en soi.

En premier lieu, avant la découverte de 'Oumuamua, jamais un objet interstellaire n'avait été surpris en train de traverser notre système solaire. À ce titre déjà, 'Oumuamua prenait place dans l'histoire de l'astronomie. Et cela a suffi à attirer l'attention de nombreux astronomes, qui ont multiplié les observations, ce qui a conduit à la découverte d'anomalies supplémentaires, et donc à de nouvelles observations, et ainsi de suite.

C'est la découverte de ces anomalies qui a lancé l'enquête à proprement parler. Plus nous en apprenions sur 'Oumuamua, plus il apparaissait que cet objet était aussi mystérieux que ce que déclaraient les médias.

Dès que l'observatoire de Hawaï eût annoncé sa découverte, et alors même que 'Oumuamua filait déjà vers l'extérieur du Système solaire, les astronomes du monde entier braquèrent donc leurs télescopes dans sa direction. La communauté scientifique était intriguée – c'est le moins qu'on puisse dire. C'était comme si une personne était venue dîner chez vous et que seulement après son départ dans la nuit noire vous commenciez à vous rendre compte de toutes les qualités étranges qu'elle possédait. Nous, chercheurs, multipliions les interrogations au sujet de notre visiteur interstellaire en même temps que se refermait notre fenêtre d'opportunité pour récolter des données supplémentaires. Il nous fallait donc passer en revue les informations déjà en notre possession concernant notre visiteur surprise en même temps que nous observions sa minuscule silhouette s'éloigner dans la nuit.

Une question pressante était : à quoi 'Oumuamua ressemblait-il ? Nous n'avions pas, et nous n'aurons jamais, une photographie à haute résolution de l'objet. En revanche, nous possédons les données en provenance de tous les télescopes qui se sont relayés onze jours durant pour collecter le maximum d'informations à son sujet. Et l'une de ces informations concerne en particulier la manière dont 'Oumuamua a réfléchi la lumière solaire lors de son passage.

Le Soleil agit comme un projecteur qui éclaire non seulement les planètes en orbite autour de lui mais aussi tout objet qui s'en approche suffisamment, dont certains sont assez gros pour être visibles depuis la Terre. Par ailleurs, en général, deux objets qui se croisent dans l'espace sont aussi en rotation l'un par rapport à l'autre. Imaginez une sphère parfaite, de teinte uniforme, qui passe près du Soleil lors de sa traversée du Système solaire : la lumière qui se réfléchit à sa surface ne varie pas en intensité car sa superficie reste constante, quelle que soit son orientation. Tout objet non sphérique, en revanche, réfléchira la lumière du Soleil de manière variable à mesure de sa rotation. Un objet en forme de ballon de rugby, par exemple, réfléchira plus de lumière lorsqu'il présentera son flanc au Soleil, moins lorsqu'il lui présentera sa pointe.

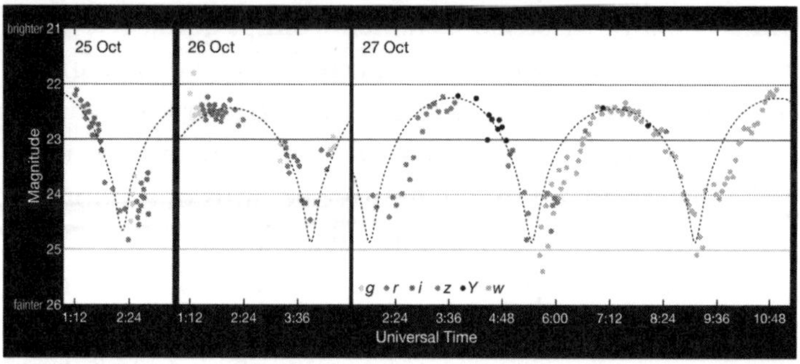

Fig. 3.1 : variation de l'éclat de 'Oumuamua au fil du temps, observé par différents télescopes durant trois jours en octobre 2017. Les points représentent les mesures effectuées à travers différents filtres dans les bandes spectrales de la lumière visible et du proche infrarouge. La quantité de lumière réfléchie varie périodiquement d'un facteur 10 environ (2,5 magnitudes) pour chaque rotation de 'Oumuamua, effectuée en huit heures. Cela signifie que l'objet avait un profil très étiré, environ dix fois plus long que large. La ligne en pointillé représente la courbe de luminosité attendue si 'Oumuamua était un ellipsoïde avec un rapport longueur/largeur de l'ordre de 10/1. (Crédit : ESO/K. Meech *et al.*)

La variation de luminosité d'un objet offre donc aux astrophysiciens de précieux indices quant à sa forme. Dans le cas de 'Oumuamua, cette luminosité variait d'un facteur dix toutes les huit heures : un intervalle de temps qui devait correspondre à sa période de rotation. Cette importante variation de luminosité nous informait que 'Oumuamua possédait sans doute une forme très étirée, cinq à dix fois plus longue que large.

Outre les informations concernant sa forme générale, nous en avons obtenu sur sa taille. Nous pouvons affirmer avec certitude que l'objet est relativement petit. En effet, au moment de son passage près du Soleil, sa température de surface a dû atteindre un niveau élevé, ce qu'aurait dû relever le télescope spatial Spitzer – un observatoire orbital lancé par la NASA en 2003. Or la caméra infrarouge de Spitzer n'a détecté aucune chaleur émanant de 'Oumuamua. Cela nous conduit à penser que l'objet était petit, échappant à la sensibilité de l'instrument. Nous avons estimé sa longueur à cent mètres environ, soit la longueur approximative d'un stade de football, et sa largeur à dix mètres ou moins. Gardons en tête que même très mince un objet peut, selon l'angle de vue, présenter une certaine largeur apparente, de sorte que le chiffre estimé est un maximum : la largeur de 'Oumuamua pourrait bien être très inférieure à dix mètres.

Supposons que l'objet mesure en gros quelques centaines de mètres de long sur quelques dizaines de large. Cela implique que 'Oumuamua a une forme plusieurs fois plus étirée, ou plus aplatie, que les comètes et les astéroïdes les plus irréguliers répertoriés jusqu'à présent.

Pensez aux gens que vous croisez lorsque vous vous promenez. La plupart vous sont étrangers et, incontestablement, ils sont tous différents, mais d'après leurs proportions vous n'avez aucun mal à reconnaître qu'il s'agit d'êtres humains. Parmi ces passants, 'Oumuamua serait une personne apparemment normale vue de face, mais dont vous constateriez, en la dépassant, que son profil n'est épais que d'une dizaine de centimètres. Vous seriez en droit de vous demander si vous avez des problèmes de vision, ou si vous connaissez vraiment les êtres humains. C'est en substance le dilemme auquel se sont heurtés les chercheurs en passant en revue les premières données en provenance de 'Oumuamua.

Comme dans toute bonne enquête policière, les données récoltées au cours de l'année qui a suivi la découverte de 'Oumuamua ont permis d'éliminer certaines hypothèses qui ne concordaient pas avec les informations en notre possession. Les variations de luminosité de l'objet en rotation nous donnaient quelque idée de ce à quoi il pouvait ressembler et ne pas ressembler. Avec une longueur cinq à dix fois supérieure à sa largeur, notre visiteur interstellaire ne pouvait avoir que deux formes possibles : soit il était allongé, comme un cigare, soit très plat, comme un pancake.

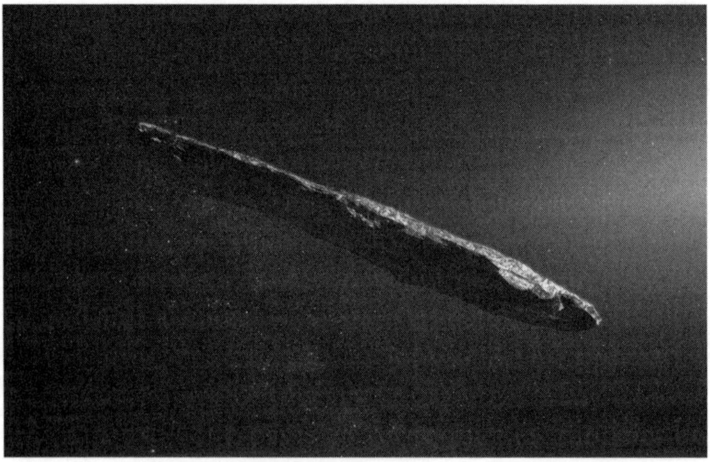

Fig. 3.2 : vue d'artiste de 'Oumuamua sous la forme d'un bloc rocheux en forme de cigare – la représentation la plus fréquente de l'objet interstellaire. (Crédit : ESO/M. Kornmesser.)

Quoi qu'il en soit, 'Oumuamua est assurément un objet exceptionnel. S'il possède une forme allongée, force est de reconnaître que nous n'avons jamais vu dans l'espace, jusqu'à présent, un objet naturel allongé à ce point. S'il possède une forme aplatie, nous n'avons jamais vu non plus dans l'espace un objet de cette taille qui soit aussi plat. À titre de comparaison, aucun astéroïde recensé à ce jour dans le Système solaire n'a un rapport longueur/largeur qui dépasse 3/1. Or ʻOumuamua, comme nous venons de le voir, a un rapport compris entre 5/1 et 10/1.

Et ce n'est pas tout.

En plus d'être petit et de forme bizarre, 'Oumuamua était curieusement lumineux. Malgré sa taille réduite, lors de son passage au large du Soleil il s'est révélé étincelant, réfléchissant la lumière du Soleil au moins dix fois plus qu'une comète ou un astéroïde de taille comparable. En outre, si, comme c'est possible, la taille de ʻOumuamua a été surestimée, et qu'elle est en fait plusieurs fois inférieure aux quelques centaines de mètres avancées par les chercheurs, alors sa réflectivité atteindrait des valeurs totalement inédites, proches de celle d'un objet métallique.

Lorsque la découverte de ʻOumuamua fut annoncée, toutes ces particularités laissaient perplexes. Elles posaient aux astronomes un sérieux problème, requérant d'eux une hypothèse qui expliquerait comment un objet naturel – et personne alors ne suggérait que ʻOumuamua ne le fût pas – peut présenter des caractéristiques aussi improbables.

Peut-être, se hasardaient les chercheurs, les caractéristiques étranges de l'objet avaient-elles été causées par son exposition aux rayons cosmiques au cours des centaines de milliers d'années qu'il avait mis à traverser l'espace interstellaire avant d'atteindre notre système solaire. Les rayons ionisants pouvaient, en théorie, produire une érosion significative de la surface d'un objet interstellaire, mais cela n'expliquait pas la forme de ʻOumuamua.

Ou alors, peut-être la raison de l'étrangeté de 'Oumuamua résidait-elle dans son origine. Peut-être avait-il été violemment éjecté dans l'espace interstellaire par une planète, sous l'impulsion d'un effet de fronde gravitationnel. Dans le même esprit, peut-être la rencontre d'un objet massif avec une planète avait-elle extrait un morceau de celui-ci, pareillement éjecté dans l'espace interstellaire. Ou peut-être 'Oumuamua avait-il été doucement extirpé d'une couche d'objets glacés aux confins d'un système stellaire – d'une région similaire au nuage de Oort de notre propre système solaire.

Si les caractéristiques de 'Oumuamua s'étaient limitées à sa forme bizarre et à sa manière de réfléchir la lumière, l'une ou l'autre de ces hypothèses aurait pu faire l'affaire. J'aurais certes été intrigué, mais je serais passé à autre chose.

Mais je n'ai pas pu m'empêcher de rejoindre l'enquête, pour une raison simple. Et celle-ci avait trait à l'anomalie la plus saisissante de l'objet.

Lorsque 'Oumuamua s'est approché du Soleil sa trajectoire s'est écartée de la ligne qu'il aurait dû suivre s'il n'avait fait qu'obéir au champ gravitationnel de notre étoile[1]. Il n'y avait aucune explication apparente à ce qu'il se conduise ainsi.

Il s'agissait pour moi de la propriété la plus étonnante de l'objet, parmi les données accumulées au cours des deux semaines où nous avions pu observer 'Oumuamua. Et c'est cette anomalie, ajoutée aux autres informations récoltées, qui m'a conduit à formuler une hypothèse qui allait bientôt m'opposer à la grande majorité des chercheurs.

À un moment de la frénésie médiatique qui a suivi l'exposé public de mon hypothèse concernant 'Oumuamua, je me suis retrouvé face à une horde de journalistes et à une forêt de microphones braqués vers moi. Je sortais de trois entrevues successives – trois heures d'interviews. J'étais fatigué et j'avais faim. Alors, plutôt que rabâcher la défense détaillée de mon hypothèse, j'ai renvoyé les journalistes au cas d'un de mes prédécesseurs dans le domaine de l'astronomie, dans l'espoir que cet exemple les inciterait à garder l'esprit ouvert.

J'ai rappelé à mon auditoire comment Galilée avait au XVIIe siècle déclaré que les observations effectuées avec sa lunette suggéraient que la Terre tournait autour du Soleil. Il s'agit de l'une des histoires les plus célèbres de la science : dans son traité publié en 1610, *Sidereus Nuncius* (*Le Messager des étoiles*), Galilée rapportait ses observations des planètes effectuées grâce à son nouvel instrument, et affirmait qu'elles concordaient avec le modèle héliocentrique de Copernic. Les données prouvaient que la Terre ainsi que toutes les autres planètes tournaient autour du Soleil. Une telle déclaration heurtait de front le dogme de l'Église catholique, qui accusa Galilée d'hérésie. À la suite d'un procès où, est-il dit, ses accusateurs refusèrent de seulement regarder le ciel à travers sa lunette, Galilée fut jugé coupable d'hérésie. Il passa le reste de sa vie – près de dix ans – en résidence surveillée, jusqu'à sa mort en 1642.

Galilée fut forcé de désavouer ses observations et ses découvertes et de renier son affirmation que la Terre tournait autour du Soleil. Il aurait alors murmuré : « Et pourtant elle tourne. » Cette anecdote est certainement apocryphe et, même si elle avait un fond de vérité, ce n'est pas la question, car cette déclaration n'a en rien modifié le destin du pauvre homme. Le fond de la question, c'est que le consensus l'avait emporté sur les preuves.

Je ne suis bien sûr pas entré dans ces détails lors de cette conférence de presse. J'ai simplement évoqué l'histoire du célèbre astronome. Comme on pouvait s'y attendre, un journaliste m'a demandé si je me prenais pour Galilée. Non, pas du tout. Ce que je voulais suggérer, c'est que l'histoire nous enjoint de faire face aux observations et, dans le cas de 'Oumuamua, de confronter nos hypothèses ; et, lorsque l'on tente de nous faire taire, de murmurer : « Et pourtant il a dévié. »

Pour bien comprendre à quel point la déviation de trajectoire de 'Oumuamua constitue une anomalie, et pourquoi elle m'a conduit à formuler une hypothèse aussi controversée et qui a suscité autant de résistance, il faut revenir aux principes de base, et notamment à l'une des lois fondamentales de la physique : la première loi du mouvement énoncée par Isaac Newton. Elle stipule que « tout corps persévère dans l'état de repos ou de mouvement uniforme en ligne droite, à moins que quelque force n'agisse sur lui et ne le contraigne à changer d'état ».

Une boule de billard reste immobile sur son tapis jusqu'à ce qu'une autre boule la heurte.

Une boule de billard reste immobile sur le tapis jusqu'à ce qu'une queue de billard la frappe.

Une boule de billard reste immobile sur le tapis jusqu'à ce que quelqu'un soulève la table.

Une boule de billard reste immobile sur le tapis jusqu'à ce qu'une dépression conique se creuse au centre de la table.

Dans les deux derniers cas, c'est la gravité qui entre en jeu et met la boule en mouvement. Une fois en mouvement, la boule se déplacera sur une trajectoire imposée par la force qui vient d'agir sur elle, et elle continuera à la suivre tant qu'une autre force ne lui sera pas appliquée.

'Oumuamua suivait lorsqu'il a pénétré notre système solaire une trajectoire approximativement à angle droit par rapport au plan de l'orbite terrestre et des sept autres planètes. Et le Soleil, de même qu'il exerce une force gravitationnelle sur les planètes et tous les autres corps du Système solaire, a également exercé sa force d'attraction sur 'Oumuamua. Le 9 septembre 2017, 'Oumuamua s'est ainsi trouvé accéléré par le Soleil jusqu'à près de 320 000 km/h, et sa trajectoire infléchie dans une nouvelle direction, lors de sa traversée et de sa sortie du Système solaire.

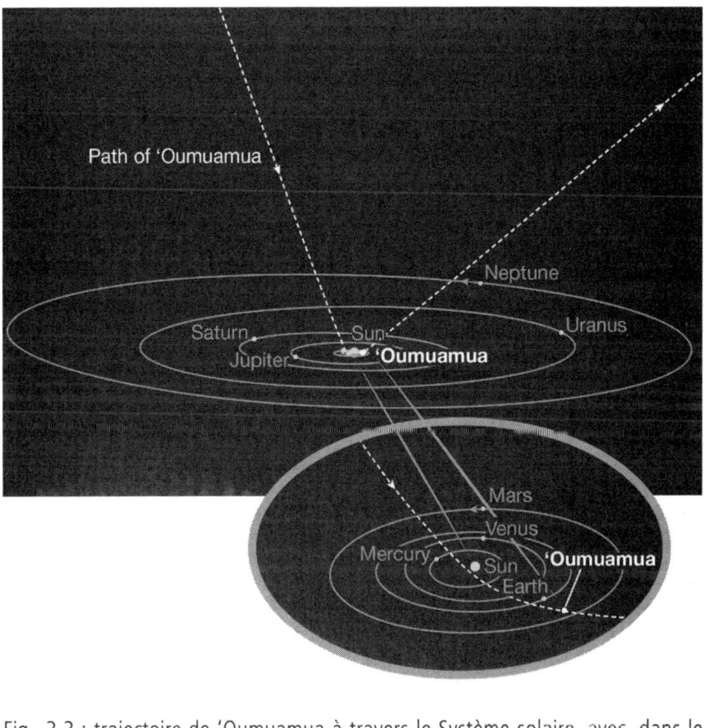

Fig. 3.3 : trajectoire de 'Oumuamua à travers le Système solaire, avec, dans le cercle, la position de l'objet et des planètes le 19 octobre 2017, jour où 'Oumuamua a été découvert par Pan-STARRS. À la différence des astéroïdes et des comètes observés jusqu'à présent, cet objet n'a pas été maintenu en captivité par la gravité du Soleil. 'Oumuamua est venu du milieu interstellaire et y est retourné avec un surcroît de vitesse, causé par son passage près de notre étoile. (Crédit : ESO/K. Meech *et al.*)

Les lois universelles de la physique nous permettent de prédire la trajectoire que doit suivre un objet lorsqu'il passe à proximité du Soleil. Mais 'Oumuamua ne s'est pas comporté comme prévu.

En juin 2018, les chercheurs ont signalé que la trajectoire de 'Oumuamua s'était décalée légèrement, mais de manière statistiquement significative, de celle commandée par la seule gravité solaire. Une force additionnelle s'était exercée dans une direction antisolaire – force qui chutait proportionnellement au carré de l'éloignement au Soleil. Quelle force répulsive, opposée à l'attraction gravitationnelle, le Soleil pouvait-il donc exercer sur l'objet ?

Les comètes de notre système solaire montrent des déviations similaires à celle de 'Oumuamua, mais c'est parce qu'elles émettent une queue de poussière et de vapeur d'eau, constituée à partir de leur glace chauffée par le rayonnement solaire.

Si vous êtes chanceux, vous avez déjà vu une comète de vos propres yeux. Vous avez au moins certainement vu des photographies de comètes, ou des images d'artiste, qui montrent leur noyau central, lumineux et flou, prolongé par une queue étincelante. Leur luminosité et leur queue sont dues au fait que les comètes sont des blocs de glace de tailles variées. Il s'agit principalement de glace d'eau mais, en lien avec la composition générale de l'univers, celle-ci contient souvent d'autres substances, comme de l'ammoniac, du méthane et du carbone. Quelle que soit sa composition précise, lorsque la comète s'approche du Soleil, sa glace a tendance à se sublimer dans l'espace en gaz et en poussières qui réfléchissent la lumière solaire. C'est ce qui crée la « chevelure » de la comète, ce halo lumineux qui se termine par une queue.

Si cette queue vous rappelle les gaz d'échappement d'un moteur-fusée, le rapprochement se justifie. La glace de la comète qui se sublime agit en effet à la manière d'un moteur à réaction. Une comète qui perd ses gaz peut donc dévier de la trajectoire assignée par la gravité du Soleil. On peut même estimer, à partir de cette déviation, la quantité de matière que la comète a perdue, lui donnant cette poussée supplémentaire.

Si c'était bien ce mécanisme de « moteur-fusée » qui avait valu à 'Oumuamua l'inflexion de trajectoire constatée, alors, comme dans le cas des comètes, notre objet interstellaire aurait dû, d'après les calculs, perdre un dixième de sa masse au cours du processus. Une telle perte ne pouvait pas échapper à nos télescopes. Or nos observations de l'environnement spatial autour de l'objet n'ont révélé aucune trace de vapeur d'eau, de gaz carbonique ou de particules solides, ce qui écarte la possibilité qu'il ait été propulsé par l'éjection de gaz ou de poussière. En outre, la vitesse de rotation de l'objet n'a pas varié, comme elle l'aurait fait si des jets de matière avaient jailli d'une ou de l'autre de ses faces, à l'instar de ce que l'on observe pour certaines comètes. Tout comme n'a pas changé son mouvement périodique de culbute[2], ce que le dégazage aurait également modifié, comme on l'observe pour d'autres comètes du Système solaire. Aucun changement n'est intervenu dans les paramètres de rotation.

Le plus grand mystère entourant 'Oumuamua pourrait bien être cette déviation par rapport à sa trajectoire prévue. Toutes les hypothèses concernant la nature de l'objet doivent prendre en compte cette déviation, c'est-à-dire identifier la force qui a agi sur lui, tout en reconnaissant que si une queue cométaire de gaz ou de poussière était impliquée, cette queue serait si ténue qu'elle échapperait à nos instruments.

À l'heure où j'écris ces lignes, la communauté scientifique s'est rassemblée autour de l'hypothèse que 'Oumuamua était une comète, quoique bien particulière. Le grand avantage de cette hypothèse est qu'elle nous est familière. Nous avons observé de nombreuses comètes qui se sont écartées de la trajectoire commandée par la gravité du Soleil. Et nous savons que cette déviation est due à la force de réaction de leur dégazage.

Mais, comme je viens de l'indiquer, 'Oumuamua n'a montré aucun signe de dégazage. Et pourtant il a dévié.

Nous savons en tout cas qu'aucun signe de dégazage n'a été enregistré par la caméra infrarouge du télescope spatial Spitzer. Depuis son lancement en 2003, l'observatoire a passé presque deux décennies sur une orbite solaire, s'éloignant progressivement de la Terre dont il est aujourd'hui distant de plus de deux cent mille kilomètres, et a collecté une quantité considérable d'informations sur l'univers. Si sa réserve d'hélium liquide, nécessaire pour refroidir certains de ses instruments de mesure, s'est épuisée en 2009, sa caméra infrarouge IRAC a pu continuer de fonctionner jusqu'en janvier 2020, lorsqu'elle a finalement été débranchée.

La caméra infrarouge du télescope spatial Spitzer s'est révélée l'instrument idéal pour estimer la quantité de dioxyde de carbone émise par une comète. Le dioxyde de carbone est, à partir d'une certaine quantité, parfaitement visible par une caméra infrarouge. Parce que le carbone est l'un des ingrédients principaux des glaces d'une comète, et que le dioxyde de carbone est l'un des produits de la sublimation de ces glaces sous l'effet de la chaleur et de leur fracturation, la caméra de Spitzer fut fréquemment utilisée pour étudier les comètes.

La caméra IRAC est restée pointée vers ʻOumuamua durant trente heures, alors qu'il passait au large du Soleil. Si une quantité notable de dioxyde de carbone avait été émise par l'objet, la caméra l'aurait repérée. Or IRAC n'a rien détecté : ni une traînée de gaz derrière l'objet ni l'objet lui-même. En outre – fait intéressant –, le télescope Spitzer n'a détecté aucune chaleur émise par l'objet, ce qui implique qu'il doit être intrinsèquement plus brillant qu'un astéroïde ou qu'une comète : c'est la seule explication au fait qu'il réfléchisse autant de lumière tout en étant petit au point que la chaleur qu'il émet est insuffisante pour être détectable.

Dans un article de recherche résumant leurs découvertes, les chercheurs qui ont analysé les données d'IRAC ont reconnu qu'ils « n'ont pas détecté l'objet[3] ». Toutefois, ils ont ajouté que « la trajectoire de ʻOumuamua montre des accélérations non gravitationnelles qui sont fonction de sa taille et de sa masse, et qui sont probablement causées par des émissions de gaz ».

Probablement. Après avoir placé ce bémol au milieu de la phrase, les auteurs de l'article en arrivent à la conclusion que « [leurs] résultats prolongent le mystère des origines et de l'évolution de ʻOumuamua ».

D'autres chercheurs ont obtenu, avec des instruments tout aussi sophistiqués qu'IRAC, des résultats similaires. En 2019, des astronomes ont publié leur analyse des images[4] recueillies au début du mois de septembre 2017 par les satellites SOHO (Solar and Heliospheric Observatory, Observatoire solaire et héliosphérique) et STEREO (Solar Terrestrial Relations Observatory, Observatoire des relations Soleil-Terre) lorsque ʻOumuamua était proche de son périhélie (le point de sa trajectoire le plus proche du Soleil). Conçus pour observer le Soleil, SOHO et STEREO n'étaient pas censés être des détecteurs de comètes (quoiqu'en 2015 SOHO s'était vu décerner par la NASA, après avoir repéré sa trois millième comète, le titre de « plus grand découvreur de comètes de tous les temps[5] »). Tout comme Spitzer, les instruments de SOHO et STEREO n'ont rien détecté dans la zone visée, 'Oumuamua restant invisible. Cela signifiait que le taux de production d'eau de l'objet devait être « au moins d'un ordre de grandeur inférieur aux limites rapportées jusqu'alors ».

'Oumuamua restait invisible aux instruments de Spitzer, de SOHO et de STEREO. Et pourtant il déviait.

Pour tenter d'expliquer la trajectoire de 'Oumuamua et conserver l'hypothèse qu'il était une comète, les chercheurs poussèrent au maximum les limites de leurs théories concernant sa taille et sa composition. Certains chercheurs, par exemple, ont émis l'hypothèse que la glace de 'Oumuamua serait constituée uniquement d'hydrogène[6] : une composition extrême qui expliquerait pourquoi la caméra IRAC n'avait rien détecté (alors que des gaz contenant du carbone seraient visibles, des émanations d'hydrogène pur ne le seraient pas). Dans un article détaillé, mon collaborateur coréen Thiem Hoang et moi avons calculé qu'un bloc de glace d'hydrogène se serait sublimé durant son voyage interstellaire bien avant d'atteindre notre système solaire. Élément le plus léger de la nature, l'hydrogène sous forme solide se sublime facilement en gaz sous l'action du rayonnement interstellaire, du choc de molécules et particules de poussière, et du bombardement des rayons cosmiques. Il est vrai que la périphérie de notre système solaire est peuplée de comètes de glace exposées à un tel environnement, sans vent solaire pour les protéger car celui-ci s'arrête en deçà, refoulé par la pression du milieu interstellaire. Mais de telles comètes survivantes sont composées de glace d'eau. Une comète dont la glace serait formée exclusivement d'hydrogène pur – ou de tout autre élément pur – serait totalement hors norme. Rien de tel n'a jamais été observé.

Ou plutôt, rien de tel qui soit naturel n'a jamais été observé. En revanche, nous avons fabriqué de tels objets : par exemple des fusées, dont la pièce principale est un réservoir de carburant contenant de l'hydrogène pur.

L'hypothèse d'une comète déversant ses gaz dans l'espace se heurte à une autre difficulté, qu'il s'agisse d'hydrogène ou de toute autre substance. La déviation de 'Oumuamua obéit à une accélération régulière et stable. Les comètes, quant à elles, sont des objets irréguliers, à la surface rugueuse et chaotique où les glaces se trouvent inégalement réparties. À mesure que le Soleil sublime la glace et que l'émanation résultante de gaz engendre une propulsion, celle-ci se produit à partir d'une surface pleine de bosses et de creux. On s'attendrait donc à une accélération par saccades. Or ce n'est pas du tout ce que l'on constate dans le cas de 'Oumuamua. En fait, on observe le contraire.

Quelle serait la probabilité qu'une comète soit naturellement constituée de 100 % de glace d'hydrogène, qui se sublimerait à partir d'un seul point de sa surface, lui fournissant une accélération uniforme ? À peu près la même que la probabilité que les forces géologiques de la nature nous fabriquent un moteur de navette spatiale.

En outre, et toujours dans l'hypothèse d'une comète, il aurait fallu pour expliquer l'ampleur de sa déviation que 'Oumuamua dégaze une proportion importante de sa masse. Pour que la poussée soit suffisante – comparable à environ 0,1 % de l'attraction gravitationnelle du Soleil –, l'objet aurait dû perdre au moins 10 % de sa matière. Cette proportion est considérable, et, bien sûr, plus la taille supposée de ʻOumuamua est importante, plus l'est aussi la masse que représente un tel pourcentage : 10 % d'un bloc de mille mètres de côté représentent bien plus de matière que 10 % d'un bloc de cent mètres de côté.

Du reste, plus grande est la quantité de gaz émis par ʻOumuamua, moins plausible le fait que ce gaz ait pu échapper à nos observations. À l'inverse, plus petit est l'objet – expliquant que nous n'ayons pas détecté ses gaz –, plus étranges apparaissent sa luminosité et son rapport de forme, et plus brillant il doit se révéler.

Le dégazage n'est pas le seul processus qui expliquerait comment notre objet a pu dévier d'une trajectoire commandée par la gravité du Soleil. Un processus de désintégration pourrait aussi en rendre compte.

Si un objet se fracture et se divise en plusieurs fragments, entourés de poussières et autres particules, ces fragments vont emprunter de nouvelles trajectoires. En particulier, si ʻOumuamua a commencé à se rompre alors qu'il atteignait son périhélie, sa désintégration aurait pu lui faire changer de trajectoire, s'écartant de celle imposée par le seul Soleil.

Le problème avec cette explication dans le cas de ʻOumuamua est que, tout comme pour celle du dégazage, nos télescopes auraient dû voir quelque chose : en particulier, les différents fragments et le nuage de poussière accompagnant la désintégration. Il est peu probable que de la glace rompue ne contienne pas de carbone détectable, et encore moins la roche rompue. En outre, comment expliquer qu'un ensemble de fragments apparaisse sous la forme d'un objet unique ? On le sait : 'Oumuamua pivote sur lui-même en huit heures comme un corps solide d'un seul tenant, et sa forme insolite ne change pas au cours du temps.

L'accélération en douceur de 'Oumuamua contredit elle aussi l'hypothèse que l'objet ait pu se fracturer au niveau de son périhélie, en perdant suffisamment de masse pour entreprendre la déviation observée. Nos instruments n'ont détecté aucun débris signalant une désintégration ; au contraire, nous constatons une accélération progressive, régulière. Si 'Oumuamua s'était rompu en morceaux, les probabilités qu'il le fasse en maintenant une accélération progressive sont, là encore, infinitésimales. Tout comme il est difficile d'imaginer une boule de neige qui éclaterait en plein vol sans que ses morceaux ne giclent dans toutes les directions.

Afin que l'hypothèse de la désintégration soit crédible, il nous faudrait faire des suppositions encore plus extrêmes quant à la composition de 'Oumuamua, pour expliquer pourquoi nous n'avons pas observé de gaz émanant des débris. Une fragmentation aurait dû amplifier ce que nos instruments étaient en mesure de détecter. Après tout, une ribambelle de petits fragments d'un corps en cours de désintégration augmenterait la surface totale exposée, et produirait encore plus de gaz cométaires et de chaleur que le même objet demeuré en une seule pièce.

Il a également été constaté que la force supplémentaire qui agit sur 'Oumuamua, et le conduit à dévier, décroît de façon inversement proportionnelle au carré de la distance au Soleil. Si cette force était due à un dégazage, on s'attendrait à ce qu'elle décroisse plus rapidement à mesure que l'objet s'éloigne de l'astre du jour. La sublimation de ses glaces devrait même s'arrêter assez brusquement, lorsque le rayonnement solaire tombe en deçà d'un certain seuil, et la force de réaction cesser. Comme dans le cas d'un moteur-fusée, lorsque le propergol est épuisé, le vaisseau ne connaît plus de déviation de trajectoire. Ce n'est pas ce que 'Oumuamua nous a montré. Sa poussée supplémentaire, répétons-le, a décliné progressivement et de façon inversement proportionnelle au carré de sa distance au Soleil.

Qu'est-ce qui pourrait bien propulser 'Oumuamua qui serait fonction de l'inverse du carré de la distance ? Un mécanisme possible serait la quantité de mouvement apportée par le rayonnement solaire lorsqu'il se réfléchit à la surface de l'objet. Toutefois, afin qu'un tel mécanisme soit efficace, il faudrait un rapport exceptionnellement élevé entre la surface et le volume de l'objet. En effet, la poussée du rayonnement solaire agit sur la surface d'un objet alors que la masse à propulser est fonction de son volume (pour une densité donnée). L'accélération permise par ce mécanisme est donc fonction du rapport surface/volume, et n'atteint de hautes valeurs que si l'objet est particulièrement mince.

Lorsque j'ai lu dans les rapports que la force supplémentaire exercée sur 'Oumuamua diminuait en fonction du carré de la distance au Soleil, je me suis demandé ce que cela pouvait être s'il ne s'agissait ni de dégazage ni de désintégration. La seule explication qui m'est venue à l'esprit était la lumière solaire, rebondissant sur l'objet comme le vent sur une voile.

D'autres explications furent proposées. Pour tenter de satisfaire toutes les données, un chercheur du Jet Propulsion Laboratory de la NASA émit une hypothèse fondée sur la tendance qu'ont les petites comètes qui se trouvent sur des orbites quasiment paraboliques à se désintégrer juste avant d'arriver à leur périhélie. Peut-être avait-ce été le cas pour 'Oumuamua, suggéra-t-il. Le temps qu'il dévie de la trajectoire déterminée par la gravité du Soleil, l'objet se serait transformé en nuage de poussière. Ou, selon les termes plus précis que le chercheur utilisa, 'Oumuamua serait devenu « un agrégat dévolatilisé de grains de poussière faiblement liés entre eux qui pourrait avoir une forme insolite, des propriétés singulières de rotation et une porosité extrêmement élevée, toutes obtenues lors du processus de désintégration[7] ».

Même si un tel nuage possédait une très faible cohésion, il lui faudrait tout de même en avoir une. Car, après tout, ce qui en resterait devrait maintenir une certaine intégrité structurale pour être visible. « Dévolatilisation » signifie qu'un objet – par exemple un morceau de charbon – voit dans des conditions particulières, notamment par chauffage, l'un de ses éléments volatils s'échapper. C'est le cas d'un morceau de charbon qui perd à haute température la plupart de ses gaz.

L'hypothèse en question propose qu'une comète qui ne serait pas composée de carbone se serait dévolatilisée pour prendre une forme insolite, très poreuse et pourtant cohérente, et aurait ainsi pu dévier de sa trajectoire initiale autant qu'il le fut constaté dans le cas de 'Oumuamua. Avec un dernier point à prendre en compte : ce nuage de poussière faiblement cohérent aurait dévié sans relâcher de gaz ou de débris visibles, sous « les effets de la pression de rayonnement du Soleil ».

Un concept similaire d'agrégat poreux de glace fut avancé quelques mois plus tard par une chercheuse de l'Institut des sciences du télescope spatial[8]. Dix ans plus tôt, cette même chercheuse et moi-même avions collaboré pour établir la première prévision de la quantité potentielle

4. Les StarChips

Bien des années avant la découverte de 'Oumuamua, j'avais commencé à m'intéresser à la recherche de civilisations extraterrestres, et à la possibilité que la Terre ne soit pas la seule planète à abriter la vie. Cet intérêt m'était venu de la science et des données en notre possession plutôt que de la science-fiction. J'adore les histoires et j'adore la science mais, comme je l'ai déjà confessé, je crains que les récits qui enfreignent les lois de la physique et qui encouragent une fascination pour « les improbables » ne fassent obstacle non seulement à la science, mais au progrès en général.

Quoi qu'il en soit, qui a besoin d'improbables lorsque d'aussi solides probables sont à notre disposition ? L'existence d'une vie intelligente sur Terre est une justification plus que suffisante pour adopter une approche *scientifique*, plutôt qu'imaginaire, dans la recherche de la vie dans l'univers.

J'ai adopté ce point de vue dès le début de ma carrière en astrophysique, mais cet intérêt a pris forme de façon publique en 2007, lorsque le cosmologue Matias Zaldarriaga et moi-même avons proposé de mettre sur écoute les signaux radio du cosmos.

J'avais mis le doigt dans l'engrenage, en quelque sorte, et mon engagement n'allait plus s'arrêter.

L'insolite projet d'écoute que Matias et moi avions proposé découlait de mes travaux sur l'univers primitif – un thème qui avait retenu mon attention lorsque j'avais rejoint l'université de Harvard en 1993. L'une des questions qui me préoccupaient à l'époque était la suivante : à quel moment les premières étoiles sont-elles nées ? – en d'autres termes, à quel moment les lois de la physique ont-elles décidé : « Que la lumière fût » ? Me pencher sur la naissance des étoiles allait m'amener, des années plus tard, à me demander comment les civilisations du cosmos pourraient communiquer entre elles. À l'époque, toutefois, je n'avais pas les moyens de répondre à cette question.

Pour le dire simplement, étudier l'univers primitif, en remontant des milliards d'années dans le temps, nécessite d'écouter les faibles émissions radio de l'hydrogène primordial – l'élément le plus abondant du cosmos. Pour ce faire, les radiotélescopes recherchent la signature électromagnétique de cet hydrogène, atome qui a la particularité d'émettre sur une longueur d'onde de vingt et un centimètres. Cette longueur d'onde a toutefois été étirée par l'expansion de l'univers – un effet appelé « décalage vers le rouge » –, de sorte qu'elle atteint aujourd'hui plusieurs mètres.

Détecter de telles longueurs d'onde est devenu possible au milieu des années 2000 grâce à la mise au point de nouveaux radiotélescopes. L'un d'entre eux, le Murchison Widefield Array (MWA), a été construit dans une zone désertique d'Australie-Occidentale – une collaboration internationale impliquant institutions et chercheurs d'Australie, de Nouvelle-Zélande, du Japon, de Chine, d'Inde, du Canada et des États-Unis.

Comme c'est le cas pour la plupart des observatoires à travers le monde, l'emplacement de ce réseau d'antennes, échelonnées sur plusieurs kilomètres, fut choisi pour son absence de pollution : non celle de lumières parasites dans ce cas précis, mais celle d'ondes radio générées par notre civilisation. Nos chaînes de télévision et de radio, nos téléphones portables et nos ordinateurs émettent tous des rayonnements sur les longueurs d'onde qu'ont besoin d'écouter les radiotélescopes du MWA afin de repérer les émissions de l'hydrogène primordial de l'univers naissant – un exemple parmi d'autres qui montre comment nos avancées en matière de télécommunications peuvent gêner plutôt qu'aider les astronomes.

Toute cette pollution radio m'a conduit à émettre une idée, un jour que j'étais attablé à déjeuner avec Matias et d'autres confrères. Si notre civilisation émet tant de bruit sur cette fréquence radio, d'autres civilisations en font peut-être de même – des civilisations extraterrestres qui pourraient exister autour de ces étoiles que Matias et moi étions en train d'étudier.

C'était une idée intuitive et spontanée, qui ne provoqua d'abord que les rires de Matias. Mais elle prit pour tous les deux une tournure beaucoup plus sérieuse lorsque j'appris qu'un appel d'offres venait d'être lancé pour des projets innovants par l'Institut des questions fondamentales (Foundational Questions Institute, FQXi). Parce que nous n'avions justement pas d'expérience dans le domaine, mais que nous pouvions nous appuyer sur notre réputation de chercheurs conventionnels, j'ai suggéré à Matias que nous transformions cette réflexion anecdotique en un projet de recherche original. Le fait qu'en tant que cosmologues nous ne soyons pas associés à l'Institut de recherche d'intelligence extraterrestre (Search for Extraterrestrial Intelligence, SETI), qui restait en marge des organisations scientifiques traditionnelles et disposait de faibles moyens de détection et d'analyse des ondes radio, donnait de la crédibilité à notre projet, et de bonnes chances de soutien financier.

J'ai toujours été conscient du fait que, dans le petit monde de l'astronomie, le programme SETI se heurte à une certaine hostilité. Et j'ai toujours trouvé cela étrange. Les chercheurs en physique théorique reconnaissent aujourd'hui sans broncher l'étude de dimensions supplémentaires, au-delà des trois dimensions de l'espace qui nous sont familières (longueur, largeur, hauteur) et de la quatrième qui est celle du temps. Ils en acceptent le concept alors qu'aucune preuve n'en atteste l'existence. Il en est de même pour l'hypothétique multivers : un nombre infini d'univers qui existent simultanément, et dans lesquels tout ce qui peut possiblement se passer est en train de se passer. Certains de nos plus brillants chercheurs y consacrent tout leur temps alors que cette théorie ne repose sur aucune preuve.

Je ne critique pas de telles études. Au contraire, soyons heureux que les théories foisonnent, en espérant qu'elles mènent à des expériences qui puissent les valider. Ce que je déplore, c'est le climat de suspicion autour du programme SETI. Comparée à certains domaines de la physique théorique, la recherche dans l'univers de quelque chose qui existe déjà sur Terre – le phénomène de la vie – est un champ d'étude plutôt conservateur. La Voie lactée contient des dizaines de milliards de planètes qui ont une taille et une température de surface similaires à celles de la Terre. Au total, environ un quart des 200 milliards d'étoiles de notre galaxie possède des planètes habitables dans le sens où nous l'entendons pour la Terre, avec des suivant l'observation sur un temps suffisant, on rait de fait depuis Pluton détecter la lumière de ›o sur la Terre. Et on pourrait établir que cette ère est intrinsèque, et non de la lumière solaire :hie, par la diminution de son intensité à mesure la distance grandit entre Pluton et la Terre, au s de leur ballet orbital.

›rsqu'arrive l'année 2014, ma réputation d'aborder sérieux la question de savoir si nous sommes seuls on dans l'univers était telle que le magazine *Sports rated* souhaita m'interroger dans le cadre d'un article ite imaginé par le président de la FIFA (Fédération nationale de football association) : comment mettre ied un championnat de football interplanétaire ? ique l'article se voulût humoristique, le magazine ait qu'un expert juge la validité du concept. Je me u jeu, passant en revue tous les obstacles, depuis la iologie nécessaire pour transporter les équipes d'un à l'autre du Système solaire jusqu'à la négociation :s conditions atmosphériques acceptables pour les hes, tout en soulignant le point essentiel : il nous t d'abord trouver les intelligences extraterrestres :e lesquelles jouer.

ous étions plus près du but que je ne le pensais, car à cette époque, et pour un projet beaucoup plus ıx, que Iouri Milner vint me trouver.

ébordant d'enthousiasme et de volonté, Iouri er est un entrepreneur milliardaire de la Silicon :y. Né en Union soviétique, il a d'abord étudié la que théorique à l'université d'État de Moscou, puis sa maîtrise en administration des affaires (MBA) université de Pennsylvanie, avant de connaître réussite remarquable en investissant dans des

conditions de surface qui permettent l'existence d'eau liquide et d'une biochimie semblable à la nôtre. Vu un aussi grand nombre de mondes – 50 milliards dans notre seule galaxie ! – possédant des conditions de vie aussi favorables, il est très probable que des organismes intelligents ont évolué autre part que sur Terre.

Et nous ne considérons là que les planètes habitables de notre Voie lactée. En prenant en compte toutes les galaxies de notre univers visible, le nombre de planètes habitables atteint un zetta, soit 10^{21} : un nombre plus grand que celui des grains de sable de toutes les plages de la Terre.

Une part de la résistance à l'encontre de cette recherche des intelligences extraterrestres découle de l'attitude conservatrice de beaucoup de chercheurs, désireux de réduire au minimum le nombre d'erreurs qu'ils pourraient commettre au cours de leur carrière. C'est le chemin de moindre résistance, et ça marche : les chercheurs qui préservent leur image de cette manière récoltent plus d'honneurs, de prix et de subventions. Malheureusement, le processus s'accompagne d'un effet d'écho, car les subventions récoltées financent des groupes de recherche toujours plus larges qui répercutent les mêmes idées. On obtient ainsi un effet boule de neige : de telles chambres d'écho amplifient la pensée conservatrice et douchent la curiosité inhérente des chercheurs les plus jeunes, dont la plupart entrent dans le rang pour garder leur poste. Si on n'y prenait garde, cette tendance pourrait mener à un consensus scientifique auto-entretenu.

Si on limite le champ des interprétations, ou si l'on place des œillères sur nos télescopes, on risque de passer à côté de découvertes intéressantes. Souvenons-nous des gens d'Église qui refusèrent de regarder dans la lunette de

Galilée. De tels préjugés et une telle fermeture d'esprit de la communauté scientifique concernent en particulier la recherche de la vie extraterrestre, et singulièrement des intelligences extraterrestres. Beaucoup de chercheurs refusent même de considérer la possibilité qu'un objet ou un phénomène insolite puisse être le signe d'une civilisation avancée.

Certains de ces chercheurs déclarent que de telles spéculations ne sont pas dignes de leur attention. Cependant, comme je l'ai dit, d'autres formes de pure spéculation sont devenues très acceptables, comme l'existence d'univers multiples ou les dimensions supplémentaires avancées par la théorie des cordes, et cela malgré le fait qu'aucune observation ne les valide et ne les validera peut-être jamais.

Je reviendrai ultérieurement dans ce livre sur le programme SETI et la résistance opposée par la communauté scientifique, car le sujet prête encore plus à conséquence lorsqu'on en comprend toutes les implications. Pour le moment, précisons seulement que, en comparaison de nombreuses idées de la science classique, la recherche de la vie extraterrestre – et même de sa variante intelligente – n'est pas un domaine aussi spéculatif qu'il en a l'air. Après tout, une civilisation technologique a bien pris naissance ici sur Terre, et nous savons qu'il existe beaucoup d'autres planètes similaires à la nôtre dans l'univers.

Lorsque Matias et moi avons développé notre projet de mettre sur écoute d'éventuelles civilisations extraterrestres, c'était moins parce que nous imaginions que nous allions immédiatement intercepter de telles communications que parce que nous souhaitions attirer l'attention et encourager la réflexion sur cette question plus vaste : sommes-nous seuls dans l'univers ?

Dans les années qui ont suivi ce pr
me suis de plus en plus investi dans c
à SETI. Comment pourrait-on rép
fondamentale au travers d'une appro
preuves ? Comme cette question ava
sujets qui éveillaient ma curiosité – t
des trous noirs, la naissance de l'un
des vitesses proches de celle de la l
retrouvé en compagnie des cherch
d'intérêt recoupaient les miens, y
ont pour champ d'étude principal l
ligences extraterrestres.

C'est ainsi que j'ai fait équipe a
physicien à l'université de Princeton
à explorer la manière dont on po
cosmos une lumière produite artific
été les premiers à suggérer l'usage d
modernes pour surprendre le scint
spatial ou d'une cité extraterrestre
de la Terre. Encouragés par le phy
nous nous sommes ensuite demand
de détecter une cité de la taille
Tokyo sur Pluton, qui était à l'ép
éloignée du Système solaire (elle a
au rang de planète naine). Notr
théorique que pratique ; nous n'a
braquer l'un de nos grands télesc
qu'est Pluton. Notre intention ét
quelle stratégie on devrait suivre
civilisation du cosmos – pour re
d'une ville parmi les étoiles du c

Il se trouve qu'en utilisant
tiqué du niveau du télescope

entreprises comme Facebook, Twitter, WhatsApp, Airbnb et Alibaba.

En mai 2015, Iouri Milner et Pete Worden, ancien directeur du centre de recherches Ames de la NASA, sont passés me voir dans mon bureau du Centre d'astrophysique Harvard-Smithsonian pour me demander de participer à un nouveau projet qu'ils mettaient sur pied, nommé par la suite projet Starshot. Ils voulaient monter une équipe qui concevrait et lancerait un vaisseau spatial capable d'atteindre le groupe d'étoiles le plus proche, à savoir Alpha du Centaure : trois étoiles en orbite les unes autour des autres situées à 4,27 années-lumière de la Terre.

Que Iouri Milner soutienne un tel projet n'était guère surprenant. En 2012, avec son épouse Julia, il avait lancé la Breakthrough Prize, une fondation qui accordait chaque année des bourses de trois millions de dollars à des chercheurs internationaux dans les trois domaines de la physique fondamentale, des sciences de la vie et des mathématiques. En moins d'un an, de nombreuses personnalités leur avaient apporté leur soutien, parmi lesquelles Mark Zuckerberg, cofondateur de Facebook, Sergey Brin, cofondateur de Google, et Anne Wojcicki, cofondatrice de la société d'analyse génétique 23andMe.

En 2015, donc, Iouri réfléchissait à d'autres manières, plus directes et plus ambitieuses, de soutenir les projets scientifiques qui le passionnaient. Il mit sur pied l'Initiative Breakthrough dont l'objectif déclaré était de chercher les réponses à deux des questions les plus fondamentales auxquelles l'humanité se trouve confrontée : sommes-nous seuls dans l'univers ? Et pouvons-nous, par une réflexion et une action collectives, atteindre les étoiles ?

Iouri était fasciné par ces questions depuis son enfance, lorsqu'il avait lu le livre publié en 1962 par l'astronome soviétique Iossif Chklovski intitulé en russe *Univers, vie et intelligence* (une édition augmentée, en langue anglaise, fut publiée par la suite en collaboration avec l'astronome américain Carl Sagan, *Intelligent Life in the Universe*). Une passion prédestinée pour l'espace puisque ses parents avaient choisi son prénom en hommage au cosmonaute soviétique Iouri Gagarine, premier homme dans l'espace en 1961, l'année de sa naissance.

En vérité, j'étais prêt à offrir mon soutien à Iouri avant même qu'il ne me précise sa requête. L'intérêt qu'il portait à la question de la vie dans l'univers rejoignait exactement mes propres préoccupations. Néanmoins, il me posait un formidable défi. Il voulait que je dirige un projet consistant à lancer une sonde vers l'étoile triple Alpha du Centaure afin d'y découvrir d'éventuelles traces de vie. Le principal défi était qu'il voulait parvenir à ses fins du temps de son vivant. Je lui demandai six mois pour y réfléchir et proposer un concept technologique qui satisferait sa requête.

Avec mes étudiants et mes post-doctorants, nous avons donc examiné les différentes options pour atteindre l'objectif du projet Starshot. Nous avons d'abord établi que la cible la plus intéressante au sein du système était Proxima du Centaure, l'étoile la plus proche de la Terre, d'autant que quelques mois seulement après l'annonce du projet des astronomes avaient découvert que cette étoile naine possédait une planète, nommée Proxima b, dans sa zone d'habitabilité – la zone autour de l'étoile où la température est assez clémente pour permettre l'existence d'eau liquide.

Fig. 4.1 : vue d'artiste de Proxima b, la planète habitable la plus proche hors de notre système solaire. Découverte en août 2016, cette exoplanète a une masse qui vaut une à deux fois celle de la Terre. Elle est en orbite autour de Proxima du Centaure, une étoile naine dont la masse vaut 12 % de celle du Soleil, située à une distance de 4,24 années-lumière. L'exoplanète Proxima b a une température de surface comparable à celle de la Terre mais, parce qu'elle est proche de son étoile, sa rotation est vraisemblablement verrouillée, de sorte qu'elle lui présente toujours la même face, l'autre étant perpétuellement plongée dans la nuit. (Crédit : ESO.)

Une fusée à propulsion chimique, comme toutes celles que nous avons lancées dans l'espace jusqu'à présent, mettrait approximativement cent mille ans à atteindre Proxima b. Iouri avait alors cinquante-six ans : s'il s'agissait d'atteindre Proxima b de son vivant, la propulsion chimique était hors de question.

Pour atteindre Proxima b en quelques décennies seulement, nous avions besoin d'un vaisseau spatial capable de voyager à un cinquième de la vitesse de la lumière. Même en utilisant la propulsion nucléaire, qui possède parmi tous les carburants – antimatière mise à part, mais indisponible – la plus grande densité énergétique, il serait impossible d'atteindre de telles vitesses. Sans perdre de vue que la seconde loi du mouvement de Newton nous enseigne que l'accélération d'un objet dépend de sa masse et de la force qui s'exerce sur lui, de sorte que nous devions également rendre notre vaisseau aussi léger que possible.

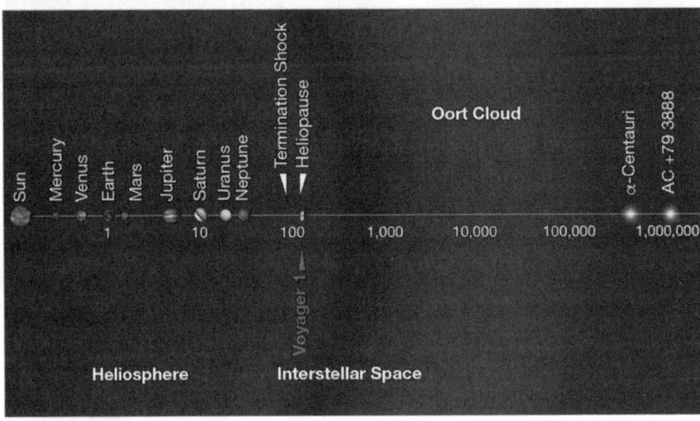

Fig. 4.2 : Un vol spatial à destination du plus proche groupe d'étoiles, Alpha du Centaure, distant d'environ quatre années-lumière, prendrait plusieurs dizaines de milliers d'années avec les moteurs-fusées chimiques traditionnels (pour qu'il atteigne aujourd'hui sa destination, il aurait fallu que le vol débute à l'époque où les premiers *Homo sapiens* quittaient le Grand Rift africain). La frontière du Système solaire est marquée par le nuage d'Oort, qui s'étend sur près de la moitié de la distance nous séparant du système d'Alpha du Centaure. Les distances sont représentées en unités astronomiques (UA) – unité qui correspond à la distance Terre-Soleil. En 2012, la sonde Voyager 1 a traversé l'héliopause, frontière beaucoup plus proche où le vent solaire entre en collision avec les gaz interstellaires. (Crédit : NASA/JPL-Caltech.)

Accélérer un objet à la vitesse requise nécessiterait une énergie considérable, mais la quantité nécessaire serait d'autant moins élevée que l'objet serait léger. L'idéal serait que notre vaisseau ne pèse que quelques grammes.

Voilà un nouveau défi. Non seulement notre vaisseau doit couvrir une distance immense en beaucoup moins de cent mille ans, mais, une fois qu'il atteint Proxima du Centaure, il doit être capable de recueillir des images et de les transmettre à la Terre avec suffisamment de puissance pour que nous puissions les recevoir. Le vaisseau doit être léger, petit, et sa construction relativement peu coûteuse. Cela implique que la caméra et le transmetteur soient comparables à ceux de nos téléphones portables. D'après nos calculs, on pourrait se contenter de cette technologie, avec quelques petites modifications.

Nous avons donc éliminé certaines idées et peaufiné celles qui restaient, et avons fini par tomber d'accord sur le concept d'une sonde miniature attachée à une voile faite d'une matière réfléchissante : un miroir essentiellement. Le concept d'une voile solaire, propulsée par la pression du rayonnement solaire, remonte en fait à plusieurs siècles. Dès 1610, Johannes Kepler en avait fait mention à Galilée dans une lettre où il évoque « des navires ou des voiles adaptés aux brises célestes ». Mettre au point un tel dispositif, toutefois, n'est devenu envisageable qu'à partir des années 1970. L'un des obstacles est que la lumière se transforme en chaleur lorsqu'elle est absorbée, comme le savent chiens et chats qui recherchent les endroits ensoleillés pour faire leur sieste. Il fallait surmonter ce problème : pour ne pas se consumer, notre miroir ne devait pas absorber plus d'un cent millième de la lumière reçue. Car ce n'était pas de la simple lumière solaire que nous allions utiliser pour venir frapper cette photovoile, mais celle d'un laser extrêmement puissant et précis.

Cette idée non plus n'était pas inédite. Le concept d'une voile propulsée par rayon laser avait été proposé l'année de ma naissance (1962) par le physicien Robert

Forward, et développé par la suite par Philip Lubin et d'autres chercheurs, qui imaginèrent des pièces électroniques miniaturisées et des systèmes optiques sophistiqués. Mais jamais, avant nous, on ne s'était lancé dans une étude aussi poussée.

Nous avons calculé qu'un laser de 100 gigawatts capable de rester focalisé durant plusieurs minutes sur une voile de la taille d'un être humain pourrait l'accélérer – ainsi que sa caméra et son transmetteur intégrés – jusqu'à une vélocité de l'ordre d'un cinquième de la vitesse de la lumière, sur une distance d'accélération correspondant à cinq fois la distance Terre-Lune : sa piste de décollage, en quelque sorte. La vitesse atteinte permettrait alors à l'engin d'atteindre l'étoile la plus proche du temps de notre vivant.

Tous les éléments de notre projet étaient techniquement réalisables. Certainement, ce serait difficile. Certainement, ce serait coûteux, avec un devis comparable à celui des plus grands projets scientifiques de notre époque, comme le Grand Collisionneur de hadrons du CERN (Conseil européen pour la recherche nucléaire) ou le télescope spatial James Webb, mais inférieur à celui du programme Apollo – nombre de personnes qui ont entendu parler de notre projet Starshot ont d'ailleurs avoué qu'aucun projet spatial ne les avait autant enthousiasmées depuis Apollo cinquante ans plus tôt. En outre, notre projet avait l'avantage d'être rentable. Une fois construit, le système de propulsion pourrait en effet lancer toute une série de sondes, que nous avons pris l'habitude d'appeler « StarChips » – en référence aux *starships*, les vaisseaux interstellaires de la série télévisée *Star Trek*.

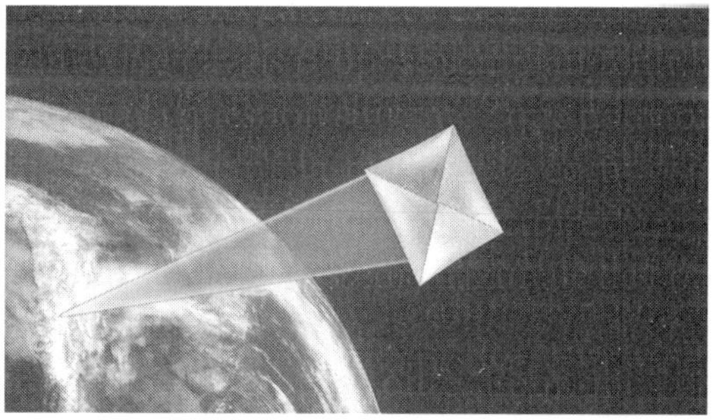

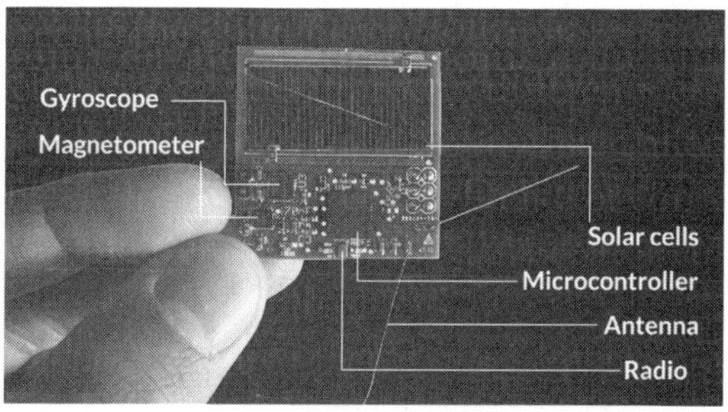

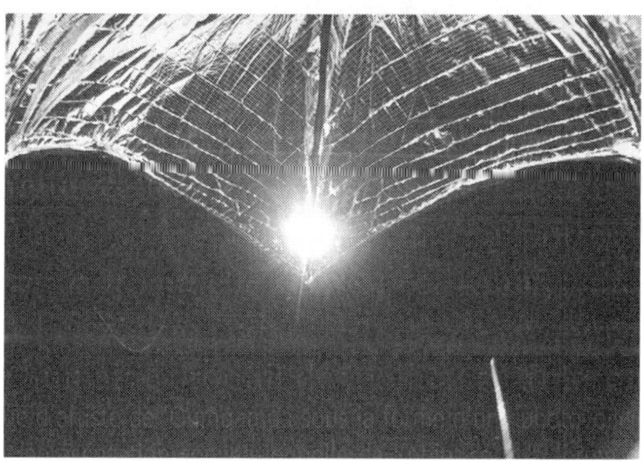

Fig. 4.3.1, 4.3.2 et 4.3.3. En haut : vue d'artiste de Starshot, projet qui consiste à propulser une voile grâce à un rayon laser émis depuis la Terre. Au milieu : un exemple de StarChip, l'instrument électronique poids-plume qui serait fixé à la voile, en même temps qu'une caméra. En bas : photographie du LightSail 2, voile solaire déployée en orbite par la Planetary Society le 23 juillet 2019, avec le Soleil visible à travers la voile de 32 m^2. (Crédits : Breakthrough Starshot/A. Loeb [images du haut et du milieu] et Planetary Society [image du bas].

Quelques mois seulement après le début du projet, en août 2015, je co-écrivis avec mon post-doctorant James Guillochon un article sur les voiles solaires, ou photovoiles. Nous y notions au passage que si les êtres humains avaient été capables d'imaginer un tel concept, des civilisations extraterrestres pouvaient faire de même. À partir de cette hypothèse, nous proposions que les astronomes recherchent le type de faisceau micro-ondes que des intelligences extraterrestres seraient susceptibles d'utiliser pour envoyer leurs propres sondes vers les étoiles.

Lorsque notre article fut publié dans la revue *Astrophysical Journal* en octobre 2015, le projet Starshot n'avait pas encore été officiellement présenté ; James et moi-même évoquions simplement l'une des conséquences de ce que mon équipe imaginait comme solution possible au défi posé. Mais c'était déjà très gratifiant d'avoir un article accepté et publié sur la base de nos premières réflexions sur le sujet.

La publication de l'article eut également un effet inattendu : les médias s'y intéressèrent. Le domaine concerné expliquait cet intérêt, pas mes travaux en particulier, qui ne faisaient que suivre le principe de curiosité à la base de mes études antérieures, que ce soit celles sur la nature de la matière noire, sur les premières étoiles ou sur les trous noirs. Après coup, je réalise que cet intérêt imprévu des médias était un signe avant-coureur de ce qui allait bientôt suivre.

De retour à Harvard j'avais continué à travailler sur le projet avec mon équipe, et six mois après ma rencontre avec Iouri Milner et Pete Worden je reçus le coup de téléphone attendu de Pete. Iouri et lui voulaient que j'annonce nos premiers résultats. Ils voulaient faire cette annonce depuis le domicile de Iouri en Californie, et dans deux semaines seulement.

J'avais été bien imprudent de ne requérir que six mois pour élaborer un projet plausible sur la manière d'atteindre l'étoile la plus proche en une vingtaine d'années. Maintenant, on me demandait de rapidement résumer le projet pour convaincre un panel d'experts de le financer. Et dans ce panel allait siéger Stephen Hawking, à l'époque le plus célèbre expert en théorie astrophysique. D'autres célébrités devaient également juger mon projet. Freeman Dyson correspondait régulièrement avec moi sur tous mes sujets de recherche, et il commençait à manifester également de l'intérêt pour Starshot.

Lorsque Pete m'a joint au téléphone, j'étais en vacances et sur le point de quitter ma chambre d'hôtel pour visiter un élevage de chèvres dans le Néguev, une région du sud d'Israël où ma femme souhaitait passer le week-end. Je me suis donc retrouvé le lendemain matin à préparer un exposé dans la ferme caprine, assis par terre et adossé au mur – le seul endroit où je captais Internet.

Pour moi, ces conditions étaient parfaites. Le temps était plutôt frais, mais sec. Je suivais des yeux les chevreaux nés la veille. Tout cela me rappelait la ferme où j'avais grandi avec mes deux sœurs, Reli et Shoshi. C'est dans ce cadre familier que j'ai rédigé ma présentation du premier vol dans l'histoire d'une sonde interstellaire propulsée par une voile ultralégère.

Deux semaines plus tard, je me rendis chez Iouri Milner à Palo Alto en Californie pour lui annoncer que nous avions bel et bien conçu un projet qui répondait à ses exigences. De notre vivant il était techniquement possible d'envoyer une sonde jusqu'à Proxima du Centaure.

Iouri était enchanté et enthousiaste, tout comme Pete. Après plusieurs mois d'intenses discussions, ils décidèrent d'annoncer publiquement le projet Starshot lors d'une soirée organisée le 12 avril 2016 à l'observatoire situé au sommet de la tour du One World Trade Center, à New York. C'était pour Iouri une grande soirée, dont la date avait été choisie pour commémorer le lancement du premier homme dans l'espace, le cosmonaute Iouri Gagarine le 12 avril 1961. Sur la scène, Iouri et moi fûmes rejoints par Freeman Dyson et Stephen Hawking pour présenter notre projet historique – une présentation enregistrée par des équipes de télévision et diffusée dans le monde entier. Le jour suivant, mon épouse amena notre voiture chez le garagiste pour une vidange, et le mécanicien, qui était habitué à ce que je m'en occupe, lui demanda où j'étais. Ofrit lui répondit que l'annonce m'avait retenu, et il lui confia qu'il trouvait le projet extraordinaire, lisant tous les articles à son sujet. La perspective de visiter une autre étoile de notre vivant éveillait chez le public une fascination qui me rappelait celle ayant entouré l'alunissage d'Apollo 11.

Dix-sept mois après cette présentation, 'Oumuamua était repéré par les télescopes de Pan-STARRS.

Marquons une pause dans notre récit pour récapituler les informations concernant l'objet, rassemblées au cours des quelques semaines qui ont suivi sa découverte. Il était petit, de forme étrange, brillant, et déviait de la trajectoire dictée par l'attraction du Soleil mais sans montrer une queue cométaire qui aurait trahi la sublimation de sa glace en vapeur d'eau sous l'action du rayonnement solaire, et ce malgré les recherches en ce sens effectuées par le télescope spatial Spitzer et d'autres instruments.

Il s'agit là de faits établis, qui nous permettent d'affirmer avec certitude que les trois premières anomalies citées – une forme des plus extrêmes, une brillance exceptionnelle et une trajectoire inhabituelle sans queue pour la justifier – écartent l'objet, d'un point de vue statistique, de toutes les catégories d'objets célestes répertoriés jusqu'à présent. Pour souligner son caractère tout à fait particulier d'un point de vue statistique, nous pouvons dire de manière conservatrice que l'accélération inhabituelle de 'Oumuamua en l'absence de toute queue cométaire est un cas de figure qui n'a qu'une chance sur plusieurs centaines de se produire. De même, sa forme étrange ne se rencontre au bas mot que dans un cas sur plusieurs centaines. Et sa forte réflectivité, dans une perspective conservatrice toujours, se rencontre au mieux dans un cas sur dix. Lorsque l'on multiplie entre elles les probabilités de ces trois caractéristiques anormales, on comprend mieux à quel point 'Oumuamua est unique : ce type d'objet se rencontre une fois sur un million.

Ces trois caractéristiques – trajectoire, forme, réflectivité – ne sont pas les seules qui sortent de l'ordinaire. Elles suffisent toutefois pour battre en brèche les attentes bien compréhensibles, mais naïves, qui voudraient que notre premier visiteur interstellaire ressemble aux astéroïdes et comètes qui peuplent notre système solaire.

Pourtant, alors que la liste des anomalies s'allongeait, la plupart des chercheurs se cramponnaient à l'explication la plus familière : 'Oumuamua ne pouvait être qu'un objet naturel, de type astéroïde ou comète. La plupart des chercheurs, mais pas tous. La communauté scientifique compte aussi des exceptions.

Et j'en faisais partie : avec mes travaux sur le projet Starshot encore frais à l'esprit, je penchais vers une tout autre hypothèse.

5. L'hypothèse de la photovoile

Début septembre 2018, près d'une année après le passage de 'Oumuamua dans nos cieux, j'écrivis un article pour *Scientific American* sur la recherche de reliques de civilisations extraterrestres, celles qui auraient disparu. En me fondant sur les données du satellite Kepler, je rappelai qu'au moins un quart de toutes les étoiles possèdent des planètes habitables de la taille de la Terre. Même si seule une petite fraction de toutes ces planètes habitables accouchaient d'une civilisation technologique avant la mort de leur étoile, il y aurait beaucoup de reliques à découvrir dans notre galaxie.

Les preuves de civilisations passées sur ces mondes habitables pourraient prendre la forme d'anomalies atmosphériques ou géologiques, voire de mégastructures abandonnées. Mais il y avait la possibilité encore plus fascinante que des épaves d'engins technologiques, aujourd'hui hors d'usage, traversent de temps en temps notre système solaire : par exemple des pièces d'équipement qui auraient perdu toute source d'énergie au cours de leurs millions d'années de dérive dans le cosmos, et seraient devenues des épaves.

Dans mon article, j'avançais l'hypothèse qu'il était fort possible que nous ayons déjà découvert une telle relique technologique. Rappelant la découverte de 'Oumuamua l'automne précédent, je passais en revue les anomalies notées à son sujet, pour ensuite poser cette question rhétorique : considérant la déviation qu'il avait subie par rapport à sa trajectoire théorique et toutes ses autres singularités, « 'Oumuamua aurait-il pu être un moteur artificiel ? ».

Tout comme ma proposition passée de mettre sur écoute d'éventuelles civilisations extraterrestres, il s'agissait là d'une idée parmi d'autres. Et elle aurait pu le rester, si j'étais parvenu à ôter de mon esprit mes réflexions en cours sur le projet StarChips.

C'est à cette époque qu'un nouveau post-doctorant, Shmuel Bialy, est arrivé à l'Institut de théorie et de calcul de Harvard où j'officiais en tant que directeur. Je lui proposai de collaborer à un article de recherche expliquant l'accélération anormale de 'Oumuamua par la pression du rayonnement solaire. Grâce à mes travaux antérieurs sur les photovoiles dans le cadre du projet Starshot, je connaissais bien le potentiel et les contraintes d'une telle technologie dans l'optique d'un voyage interstellaire. Les formules mathématiques étaient toutes fraîches dans mon esprit, prêtes à modéliser la force qu'aurait exercée la lumière solaire sur 'Oumuamua. À l'époque, mon point de vue était simplement que *cela pourrait marcher*. Le petit monde de l'astronomie se trouvait confronté à une découverte fascinante, celle d'un objet interstellaire dont les caractéristiques étaient pour le moins déroutantes. Il nous était difficile d'échafauder une hypothèse qui les expliquait toutes. Lorsque je décidai avec Bialy d'expliquer la déviation de 'Oumuamua par la force de la lumière solaire, je ne faisais que suivre mon instinct de chercheur, celui qui m'a toujours guidé : une hypothèse qui rend compte de toutes les données se doit d'être explorée.

Bialy s'est attelé aux calculs et s'est vite enthousiasmé : le mécanisme que j'avais proposé semblait tenir la route. Ce qui menait à la question suivante : que pouvions-nous en déduire concernant la taille et la composition de 'Oumuamua, qui expliquerait sa trajectoire ? La question essentielle portait sur l'épaisseur maximale de l'objet afin que le rapport surface/volume soit assez important pour expliquer son accélération insolite. Pour que la poussée du rayonnement solaire génère le mouvement observé, 'Oumuamua devait mesurer moins d'un millimètre d'épaisseur, avons-nous calculé.

Fig. 5.1 : Vue d'artiste de 'Oumuamua sous la forme d'une photovoile (à gauche) à côté de la représentation conventionnelle de l'objet sous la forme d'un rocher allongé en forme de cigare (à droite). (Crédit : Mark Garlick pour Tähdet ja avaruus/ Science Photo Library.)

Ce que cela impliquait était évident. La nature ne nous montre aucun objet similaire par ses dimensions ou par sa composition à celui que nous venions d'esquisser, de sorte que quelque chose ou quelqu'un devait avoir fabriqué une telle photovoile : ʻOumuamua aurait été conçu, construit et lancé par une intelligence extraterrestre.

Cette hypothèse est sans conteste insolite. Mais elle ne l'est pas moins que d'autres proposées pour expliquer les caractéristiques anormales de l'objet. La nature n'a montré aucune propension à produire des comètes d'hydrogène pur ou des nuages de matière à la fois moins denses que l'air et d'une cohésion structurelle hors norme. Le seul aspect extraordinaire de notre hypothèse était qu'elle n'attribuait pas une origine naturelle à l'objet.

Si notre conclusion pouvait surprendre, elle n'avait nécessité pour y parvenir aucun bond dans l'inconnu. Nous avions suivi, Shmuel et moi, un cheminement logique. Dans la pure tradition scientifique, après avoir examiné les faits, nous avions simplement appliqué le précepte de Sherlock Holmes : « Lorsque vous avez éliminé l'impossible, ce qui reste, *si improbable soit-il*, est forcément la vérité. » D'où notre hypothèse que ʻOumuamua avait été créé par une civilisation extraterrestre.

Nous avons exposé ces idées dans un article intitulé « La pression de rayonnement solaire pourrait-elle expliquer l'accélération singulière de ʻOumuamua ? ». Nous y passions en revue nombre d'autres questions concernant ʻOumuamua. Nous y décrivions la détérioration qu'il aurait subie au cours de son long trajet à travers le cosmos, par exemple les multiples chocs dus aux collisions avec les poussières cosmiques, ou bien la tension constante que lui inflige sa rotation, à travers sa force centrifuge. Nous discutions de l'impact de ces détériorations sur la masse et la vitesse de l'objet et déterminions qu'il était minime. À coup d'équations, nous tirions, à partir des données récoltées, des conclusions quant à la masse et à l'épaisseur de l'objet, et donc son rapport surface/volume. Puis, en conclusion de l'article, nous avancions notre hypothèse : « Si la pression de rayonnement est la force accélératrice, alors 'Oumuamua représente une nouvelle catégorie de fine matière interstellaire, qui est produite soit de façon naturelle [...] ou bien qui est d'origine artificielle. » Et de continuer : « En ce qui concerne une origine artificielle, l'une des possibilités est que 'Oumuamua est une photovoile, à la dérive dans l'espace interstellaire comme débris d'un équipement technologique avancé. »

Nous avons, à la fin du mois d'octobre 2018, soumis notre article à la prestigieuse revue scientifique *Astrophysical Journal Letters*, qui se consacre aux articles d'actualité qui peuvent avoir un impact élevé dans leur domaine. Notre intention était d'attirer l'attention de nos confrères dont nous savions qu'ils confrontaient eux aussi les données à leurs propres hypothèses. La nôtre se devait d'être prise en compte. Avec cette idée en tête, nous avons également posté notre manuscrit, avant même qu'il passe en commission de relecture, sur le site web de prépublication arXiv.org. Les journalistes scientifiques consultent régulièrement ce site pour y trouver des sujets à traiter : deux d'entre eux ont rapidement remarqué notre étude et se sont dépêchés de publier notre hypothèse. Dès la diffusion – que l'on pourrait qualifier de virale – de leurs articles, le 6 novembre 2018, soit un an presque jour pour jour après la découverte de 'Oumuamua, la situation devenait incontrôlable.

Quelques heures après les premiers articles de presse, des caméras surgissaient sur le pas de ma porte. Alors que les citoyens américains partaient voter pour les élections de mi-mandat, qui promettaient d'être âprement disputées, quatre équipes de télévision envahissaient mon bureau de Harvard. Je tentai tant bien que mal de répondre à leurs questions, tout en faisant face à une avalanche de coups de fil et de courriels d'autres médias.

J'avais déjà quelque expérience de la presse grand public suite à certains de mes articles scientifiques écrits dans le passé, mais un tel degré d'intérêt était nouveau pour moi, et j'étais un peu dépassé par les événements. En outre, j'étais sur le point de prendre l'avion pour l'Allemagne où je devais donner une conférence prévue depuis longtemps dans le cadre du colloque Falling Walls de Berlin – un colloque transdisciplinaire dédié aux avancées scientifiques et technologiques qui ont un impact sur la société.

J'ai donc fait un crochet par mon domicile pour prendre ma valise mais, sur le point de rejoindre ma voiture, je me suis retrouvé nez à nez avec une autre équipe de télévision, qui avait dégoté mon adresse personnelle. Voilà que j'étais acculé sur mon perron, confronté à la question classique : « Croyez-vous à l'existence de civilisations extraterrestres ? »

« Le quart de toutes les étoiles possèdent une planète ayant la même taille et la même température de surface que la Terre, répondis-je face à la caméra. Il serait arrogant de croire que nous sommes seuls dans l'univers. »

Le temps que j'arrive à Berlin, la presse internationale avait pris le relais, alors même que notre article scientifique n'avait pas encore été publié.

Vu l'attention des médias, et la nécessité pour nous de présenter toutes les données étayant notre hypothèse, la revue *Astrophysical Journal Letters* publia l'article dès le

12 novembre, soit trois jours après l'avoir reçu – le délai de relecture le plus bref de toute ma carrière de chercheur.

Une publication aussi rapide était une bonne chose : un cercle plus large de chercheurs allait tenir compte de notre hypothèse tentant d'expliquer les données relatives à 'Oumuamua. Bien sûr, je savais qu'une grande partie de la communauté scientifique considérerait comme exotique notre hypothèse que 'Oumuamua était l'œuvre d'une civilisation extraterrestre. Je m'attendais à ce que la majorité des chercheurs refusent de prendre notre théorie au sérieux, et que certains lui soient même hostiles. Car j'étais bien conscient du climat de suspicion qui entourait tout argumentaire rappelant, de près ou de loin, ceux des chercheurs du programme SETI.

Le vif intérêt manifesté par le public – qui n'a fait que croître après la publication de notre article – peut paraître surprenant si l'on considère la banalité relative de notre hypothèse. Un an plus tôt, suite à une anomalie de température affectant l'hydrogène primordial de l'univers – une température plus basse que prévue –, j'avais publié un article avec un autre post-doctorant de Harvard, Julian Munoz, qui montrait que si la mystérieuse matière noire de l'univers consistait en particules dotées d'une toute petite charge électrique, ces particules auraient suffisamment refroidi l'hydrogène pour expliquer l'anomalie constatée. Alors que nous avions publié cette hypothèse dans la prestigieuse revue *Nature*, et alors qu'elle était beaucoup plus spéculative que celle présentée avec Bialy sur la possibilité que 'Oumuamua soit la relique d'une civilisation extraterrestre, elle n'avait pas attiré du tout la même attention.

Pour être honnête, si je me suis rendu aussi disponible que possible pour répondre aux questions, je ne cherchais pas à me placer sous le feu des projecteurs et n'y prenais guère de plaisir. Dans le passé, lorsque je m'efforçais d'attirer l'attention sur mon travail, comme dans le cas du projet Starshot, j'étais bien content lorsque quelques représentants de la presse me contactaient. Et j'avais certes suivi des formations professionnelles dans nombre de domaines au cours de ma vie, mais personne, à commencer par moi, n'avait imaginé qu'un entraînement aux médias me serait un jour nécessaire. Rétrospectivement, quelqu'un aurait peut-être dû y penser. L'astronomie et l'astrophysique sont des domaines qui requièrent beaucoup d'investissement, en temps et en argent, et tenter de rendre le public conscient de ce qui est possible, ou nécessaire, dans notre métier ne s'improvise pas.

Cela étant, l'accueil de la possibilité que ʻOumuamua soit un engin artificiel fut loin d'être favorable chez les scientifiques, c'est peu de le dire. Certes, les médias étaient enthousiastes et le grand public se montrait fasciné. Mes confrères, quant à eux, étaient beaucoup plus circonspects.

En juillet 2019, l'équipe ʻOumuamua de l'Institut international des sciences spatiales (International Space Science Institute, ISSI) publiait ses conclusions sans appel dans la revue *Nature Astronomy* : « Nous ne trouvons aucune preuve convaincante pour privilégier l'explication d'une technologie extraterrestre concernant ʻOumuamua[1]. » Les paragraphes précédents statuaient que cette théorie d'une technologie extraterrestre, avancée par Bialy et moi, était provocatrice mais sans fondement. Pourtant, l'article se terminait par une liste des anomalies de ʻOumuamua que les auteurs qualifiaient de « questions ouvertes ». Ils reconnaissaient également que c'est seulement en 2022, lorsque le nouveau télescope de l'observatoire

Vera C. Rubin, au Chili, deviendrait pleinement opérationnel, que l'on pourrait récolter assez de données pour déterminer à quel point « sont répandues – ou rares – les propriétés de 'Oumuamua ».

Jamais je n'avais eu l'intention de devenir, comme l'a écrit la journaliste scientifique Michelle Starr, « *l'enfant terrible* du département d'astrophysique de Harvard ». Mon attitude face à des anomalies demeure ce qu'elle a toujours été depuis mon premier jour de classe en cours élémentaire : la curiosité et l'interrogation. Je prends le temps de réfléchir à ce qui pourrait se produire si je poursuis une ligne de conduite ou une autre. Lorsque Michelle Starr a demandé à Matthew Knight, astronome à l'université du Maryland et l'un des chercheurs du groupe d'étude de 'Oumuamua à l'ISSI, de résumer les résultats de son équipe, il a répondu : « Nous n'avons jamais rien vu auparavant dans notre système solaire qui ressemble à 'Oumuamua. Il reste toujours un mystère[2]. » Et d'ajouter : « Mais notre préférence est de s'en tenir aux analogies que nous connaissons. »

Pourquoi pas ? Mais que se passe-t-il si nous prenons pour point de départ les mystères de l'objet plutôt que les analogies qui nous sont familières ? Quelles questions se posent alors, et quelles nouvelles pistes s'ouvrent à nous pour chercher des réponses lorsque nous explorons des possibilités qui vont à l'encontre de nos suppositions ordinaires mais concordent avec les données observées ?

La question n'est pas anodine : les données en notre possession nous forcent à considérer des explications tout à fait inhabituelles. Nombre d'astronomes traditionnels, qui ne sont pas membres du groupe de chercheurs cité plus haut, ont méticuleusement analysé les données de 'Oumuamua et conclu que seules

car nous essayons de passer nos vacances dans des endroits relativement épargnés par les ordures.

Si notre famille en faisait le choix, nous pourrions nous rendre sur des plages où il est facile de trouver des ordures. Elles sont hélas de plus en plus nombreuses sur la planète. C'est le cas notamment de Kamilo Beach, dans l'île principale d'Hawaï : autrefois très belle, elle est aujourd'hui connue comme « la plage des plastiques » en raison de la quantité d'ordures qui s'y sont amassées. C'est un bien triste tableau, mais peu surprenant quand on sait que le grand vortex de déchets du Pacifique – considéré comme la plus grande des cinq zones d'accumulation de plastique dans les océans – se situe justement entre les îles Hawaï et la Californie. L'existence de ces cinq zones de déchets n'est pas surprenante non plus quand on sait que la population mondiale rejette chaque année dans les océans environ huit millions de tonnes de plastique.

Plus quelque chose est abondant, plus grandes sont les chances d'en trouver. Cette évidence s'applique tant aux coquillages qu'aux bouteilles en plastique – et aux deux classes d'objets auxquelles 'Oumuamua peut appartenir. Ce dernier est soit un beau coquillage naturel, soit un objet artificiel, par exemple un déchet.

La métaphore de la plage va nous aider à nous déterminer parmi ces deux possibilités – ce qui aura des conséquences importantes tant pour la science que pour la civilisation humaine.

Supposons que, plutôt qu'une bouteille en plastique, 'Oumuamua soit un coquillage. Un coquillage exotique, certes, mais un coquillage d'origine naturelle.

Ce raisonnement a séduit la grande majorité des chercheurs qui ont étudié les anomalies de 'Oumuamua. Mais il bat de l'aile dès que l'on prend la peine de se demander combien il faudrait de coquillages interstellaires dans notre système solaire pour que nous en ayons croisé un par hasard.

Personne n'est surpris en se promenant sur une plage de tomber sur un coquillage intact. Les mollusques qui fabriquent des coquillages sont très nombreux et, même en tenant compte de la taille des océans, il en existe suffisamment pour garantir qu'on en trouvera un exemplaire pour sa collection. En fait, on pourrait même estimer la probabilité de rencontrer, sur une plage donnée, non seulement un coquillage en général, mais une espèce en particulier. Si l'on connaît un peu la répartition des palourdes dans les eaux du Massachusetts, par exemple, on doit pouvoir prédire à quelle fréquence on découvrira leurs coquillages sur les plages du Cape Cod. On pourrait en faire de même avec les conques sur les plages de Floride.

Si 'Oumuamua est un astéroïde ou une comète d'origine naturelle, on peut se poser la question suivante : combien faut-il dans l'espace interstellaire de blocs de roche ou de glace de ce type pour qu'ils croisent régulièrement le Système solaire ? Si l'espace interstellaire abrite une large population d'astéroïdes et de comètes, comme en contient notre système solaire, alors il ne serait pas surprenant pour nous d'en croiser. Comme on l'a dit plus haut, plus une chose est courante, plus les chances de la rencontrer sont nombreuses. En revanche, si l'espace interstellaire ne compte qu'une faible quantité de ces objets, il serait surprenant que l'un d'entre eux croise notre système solaire.

L'espace interstellaire est bien plus vaste que nos océans. Cela veut dire que, pour en rencontrer fréquemment dans notre système solaire, il faudrait qu'une très, très large population de ces objets interstellaires voyagent à la dérive dans le cosmos. Ceux que l'on connaît se trouvent autour des étoiles, où ils président à la formation des planètes.

Quand on parle de population très, très large, soyons précis. Pour que l'on ait une chance de rencontrer un objet comme 'Oumuamua, il faudrait que chaque étoile de la Voie lactée en éjecte environ 10^{15} au cours de sa vie, à partir de son réservoir de matière rocheuse. Un tel nombre, appelé billiard en français, comporte quinze zéros après le un. Cela représente beaucoup d'objets par étoile.

Notre propre soleil ne semble pas avoir été en mesure d'en éjecter autant. En 2009, un peu moins de dix ans avant la découverte de 'Oumuamua, j'avais publié un article avec Amaya Moro-Martin et Ed Turner dans lequel nous avions eu recours à une modélisation dynamique de notre système solaire pour prédire la population d'objets interstellaires éjectés par notre étoile. Nous avons obtenu une fourchette de valeurs de deux à huit ordres de grandeur inférieures au nombre requis pour expliquer notre rencontre avec 'Oumuamua. Autrement dit, le nombre d'objets prédit est, au bas mot, cent fois inférieur à celui qui est compatible avec l'hypothèse que 'Oumuamua est un bloc de roche éjecté par son étoile. Cela ne veut pas dire qu'il ne l'est pas ; mais cela rend sa découverte dans notre système solaire surprenante d'un point de vue statistique.

En posant le problème autrement, l'hypothèse que 'Oumuamua est un tel bloc éjecté par une étoile implique que la population d'objets interstellaires serait bien plus importante que celle à laquelle aboutit notre modèle du Système solaire. Par conséquent, soit un nombre considérable d'étoiles dans notre galaxie sont très différentes de la nôtre, soit quelque chose d'autre se passe.

En 2018, un petit groupe de chercheurs a refait une estimation du nombre d'objets interstellaires qui errent, comme 'Oumuamua, à travers l'espace, et du nombre d'entre eux que pourrait détecter un télescope comme Pan-STARRS[1]. Ils ont réitéré le constat que « de nombreux aspects de 'Oumuamua sont à la fois fascinants et troublants ». Mais ils ont aussi établi que le nombre d'objets interstellaires par unité de volume dans l'espace nécessaire pour que 'Oumuamua soit un bloc de roche repéré par hasard implique bien l'éjection d'au moins 10^{15} objets par étoile, ce qui correspond à un objet pour chaque volume d'espace ayant pour rayon celui de l'orbite de la Terre autour du Soleil. Dans deux articles qui ont suivi[2], mon ancienne collaboratrice Amaya Moro-Martin a démontré que ces éjections d'objets naturels par les étoiles seraient cent fois moins nombreuses, même si toute la matière solide qui les entoure était éjectée.

Ces conclusions ajoutent un niveau de complexité intéressant à mes estimations de 2009. Une complication concerne l'origine même de la matière interstellaire, qui peut prendre deux formes : rocheuse et sèche (glace rare ou absente), ou mélange de roche et de glace.

La matière rocheuse sans glace est générée lors de la naissance des planètes. Elle provient de la coalescence de particules de poussière, jusqu'à ce que les objets atteignent la taille de planétésimaux, lesquels finissent par se rassembler pour former des planètes. Or le premier des deux articles d'Amaya Moro-Martin conclut que le grand nombre d'objets nécessaires pour expliquer la probabilité d'avoir détecté 'Oumuamua ne peut pas provenir de ce mécanisme. Il n'y a en effet pas assez de matière dans la proche banlieue d'une étoile (celle qui correspond à notre système solaire « interne ») pour rendre compte de tels nombres.

Afin d'atteindre le nombre d'objets naturels nécessaire, les chercheurs ont dû invoquer une source additionnelle d'objets interstellaires : la matière qui aurait été éjectée du nuage de Oort présent autour de chaque étoile – l'enveloppe extérieure d'objets glacés qui gravitent à grande distance de l'astre central. Lorsqu'une étoile arrive en fin de vie, l'attraction gravitationnelle qu'elle exerce sur son nuage de Oort faiblit, et les objets de celui-ci sont libérés. Mais, même si toutes les étoiles moribondes relâchaient dans l'espace interstellaire les objets de leur nuage de Oort, Amaya Moro-Martin a conclu, dans son second article, qu'ils ne procureraient pas non plus le nombre d'objets requis pour expliquer le passage de 'Oumuamua.

Le problème de l'hypothèse d'une « origine naturelle » pour expliquer 'Oumuamua est donc qu'il faut justifier la quantité nécessaire de matière interstellaire. Pour reprendre l'analogie des coquillages, ils doivent être vraiment très nombreux dans la mer pour que nous ayons une chance d'en trouver un sur la plage. De même pour le passage d'un objet interstellaire naturel dans notre système solaire : pour en croiser un par hasard dans l'espace, il faut que l'espace en contienne beaucoup et, pour ce faire, il faut des objets issus à la fois de la genèse des planètes et des nuages de Oort.

Cela étant, on a déjà établi que 'Oumuamua ne contenait pas de glace : pas de gaz émis signifie pas de glace au départ. Il est donc très peu probable que 'Oumuamua provienne du nuage de Oort d'une étoile.

En bref, si 'Oumuamua était un objet naturel, il devrait provenir d'une planète en formation. Il devrait aussi appartenir à un type inconnu d'objets associés à cette formation, dont la taille, la forme et la composition les feraient dévier de leur trajectoire au moment de leur passage près du Soleil, sans émettre de gaz visible.

À l'heure où j'écris ces lignes, nous ne connaissons aucun objet, à part 'Oumuamua, qui entre dans cette seconde catégorie. En revanche, nous connaissons un objet qui correspond à la première.

Peu après la découverte de 'Oumuamua, nous avons en effet découvert notre second objet interstellaire. Et, lorsque vous lirez ces lignes, nous en aurons peut-être trouvé d'autres.

Ce second objet interstellaire a été baptisé 2I/Borisov, du nom de l'ingénieur et astronome amateur russe Guennadi Borisov qui l'a repéré dans le ciel de Crimée le 30 août 2019 au moyen d'un télescope de sa fabrication, doté d'une ouverture de 65 centimètres. Et c'est Borisov qui le premier calcula que sa trajectoire était hyperbolique. Comme cela avait été le cas pour 'Oumuamua, 2I/Borisov voyageait trop vite pour être lié par gravité au Soleil. Il venait lui aussi de l'extérieur du Système solaire, et suivait une trajectoire qui allait le traverser, puis le quitter.

À part sa provenance, 2I/Borisov n'avait rien de remarquable. C'était une comète interstellaire, sans l'ombre d'un doute, ce qui en faisait tout de même un objet rare : tout objet interstellaire est une rareté. Mais son originalité s'arrêtait là. Sa chevelure et son dégazage ressemblaient en tous points à ceux des comètes du Système solaire : composé comme elles de glaces, 2I/Borisov était loin d'être exotique.

En vérité, la découverte de 2I/Borisov n'a en rien conforté l'hypothèse selon laquelle 'Oumuamua serait un objet naturel. Bien au contraire, elle a confirmé le caractère exotique et exceptionnel de ce dernier. Lorsque j'ai rencontré ma future femme et réalisé à quel point elle était exceptionnelle, je l'ai épousée. Les nombreuses personnes que j'ai rencontrées depuis n'ont en rien modifié ses qualités uniques ; elles n'ont fait qu'accentuer mon sentiment que ma femme est magnifiquement rare.

Les objets 'Oumuamua et 2I/Borisov sont donc tous deux des intrus qui ont traversé notre système solaire mais, à part cet aspect, ils sont incontestablement différents, d'autant que 2I/Borisov, en plus de ses caractéristiques tout à fait banales, occupe une position très ordinaire dans l'espace-temps.

Ce n'est pas le cas de 'Oumuamua. Sa position est inhabituelle dans un diagramme combinant position dans l'espace et vélocité, et cette particularité ne fait qu'étayer l'origine exceptionnelle de l'objet. Elle apporte aussi un indice supplémentaire pour éclaircir la vraie nature de 'Oumuamua, et ce qu'il pouvait faire là, à traîner dans l'espace interstellaire.

Pour saisir le raisonnement, il faut comprendre la notion de référentiel position-vélocité. C'est un peu difficile à concevoir, mais cela consiste à considérer que la position d'un objet dans l'espace ne se résume pas à son emplacement par rapport à tout ce qui l'entoure mais prend aussi en compte sa vélocité par rapport à celles des objets environnants. Imaginez une autoroute qui compte de nombreuses voies où circulent des milliers de voitures. Toutes circulent à des rythmes différents : certaines avancent vite, d'autres se font dépasser ; certaines roulent plus lentement que la vitesse autorisée, d'autres l'excèdent allègrement.

Si vous prenez en compte l'ensemble de ces mouvements, vous constaterez qu'un petit nombre de voitures se déplacent en respectant une certaine moyenne. Elles sont comme « au repos » et forment une sorte de repère stationnaire d'un point de vue relatif, par rapport à toutes celles qui s'éloignent vers l'avant et toutes celles qui se font distancer à l'arrière.

C'est la même chose pour les étoiles. Toutes celles qui se trouvent dans le voisinage du Soleil se déplacent les unes par rapport aux autres. Mais il existe un mouvement moyen que l'on appelle le référentiel au repos local ou « LSR » (*local standard of rest*). Les objets qui possèdent ce mouvement peuvent être perçus comme à l'arrêt par rapport aux déplacements aléatoires des étoiles environnantes. C'est une circonstance assez rare.

Or 'Oumuamua occupait une telle position.

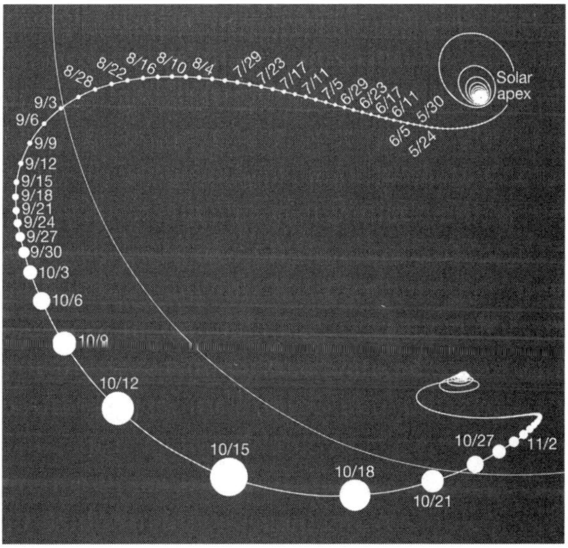

Fig. 6.1 : La position de 'Oumuamua vue depuis la Terre, à différentes dates. La taille relative des disques permet de se rendre compte schématiquement de sa distance à la Terre le long de sa trajectoire apparente. La direction de déplacement du Soleil est également indiquée par rapport au référentiel au repos local, ou LSR (la direction représentée par les deux mots « Solar apex » ou « apex solaire » en français). Le fait que 'Oumuamua vienne de cette direction implique qu'il se trouvait à l'origine au LSR. Entre le 2 septembre et le 22 octobre 2017, il a quitté le LSR pour franchir le plan de l'écliptique du Système solaire (représenté par un arc de cercle) vers le sud. (Crédit : Tom Ruen/Wikipédia.)

Pour être précis, c'était le cas avant qu'il se mette à accélérer. Lorsqu'il a rencontré notre soleil, il est passé d'une immobilité relative par rapport au mouvement moyen des étoiles locales à un mouvement de fuite. L'impulsion que lui a conférée le champ de gravité de notre étoile l'a bouté hors du LSR, comme si, dans l'exemple de notre autoroute, une voiture jusque-là stationnaire par rapport au peloton s'était fait accrocher et projeter en avant. Délogé du LSR telle une balle de tennis frappée par une raquette, 'Oumuamua a giclé à travers notre système solaire pour en sortir en trombe.

Le fait que 'Oumuamua était presque immobile par rapport au LSR est étrange en soi. Seule une étoile sur cinq cents est aussi stationnaire par rapport au LSR[3] que ne l'était 'Oumuamua avant d'en être délogé. Notre propre soleil, par exemple, se déplace à environ 70 000 km/h par rapport à ce référentiel, soit dix fois plus vite que ne le faisait 'Oumuamua avant d'être justement bousculé par le Soleil.

Posons-nous d'abord la question de savoir comment un objet peut se trouver au LSR. Ensuite, il nous faudra expliquer comment un tel objet, animé d'un mouvement aussi particulier, peut se trouver sur la route du Soleil. Comme pour les autres anomalies de 'Oumuamua, nos réponses dépendent des hypothèses posées quant aux origines de l'objet.

Commençons par l'hypothèse beaucoup plus populaire que ma photovoile chez la plupart des scientifiques, à savoir que 'Oumuamua était un bloc rocheux sans glace. On peut alors penser que l'étoile parentale, qui l'a éjecté, faisait partie de cette minorité d'étoiles – une sur cinq cents – relativement stationnaires par rapport au LSR.

Est-ce suffisant pour expliquer que l'objet éjecté, en l'occurrence 'Oumuamua, est lui-même resté au LSR ? Oui, peut-être, si l'éjection hors de son système stellaire a été extrêmement douce. C'est facile à comprendre : l'éjection brutale d'un objet hors du LSR placerait l'objet dans un référentiel de mouvement très différent. Seul un objet délicatement lâché par son étoile resterait dans le même référentiel, en l'occurrence le LSR, que celle-ci.

Au risque d'abuser de l'analogie, revenons à l'autoroute. Imaginez une moto side-car faisant partie du petit groupe de véhicules qui paraissent « au repos » par rapport aux voitures et camions qui les dépassent ou se trouvent dépassés. Imaginez maintenant que le « panier » du side-car soit attaché à la moto par une seule broche. On conçoit que, si l'on retire la broche, la moto et son panier désormais indépendant, dès lors qu'on néglige les forces de friction sur les véhicules – c'est là que nous abusons vraiment de l'analogie –, maintiendraient tous deux leur position et leur vélocité par rapport au reste du trafic. De même, si une étoile située au LSR perdait sans heurt un fragment de planète, cet objet détaché maintiendrait la même position que son étoile dans le référentiel LSR.

Une telle séparation sans heurt est possible mais statistiquement improbable. Non seulement les planètes ne perdent pas si facilement des fragments, mais ce type d'événement se déroule rarement en douceur. Un coup porté à une planète occupant le LSR dont le résultat serait l'éjection d'un fragment qui resterait lui-même dans le LSR serait comparable à un coup de billard d'une précision et d'une délicatesse extrêmes. Rappelons que la fraction d'étoiles pouvant entrer dans ce scénario est estimée à 0,2 %.

Il est aussi possible que ʻOumuamua vienne d'un des 99,8 % des systèmes stellaires animés d'un mouvement important par rapport au LSR. Dans ce cas, ce n'est pas un petit coup de pouce dont l'objet aurait eu besoin, mais un swing de golf magistral, et diablement précis qui plus est. En effet, pour éjecter un objet hors d'un système stellaire qui n'est pas au LSR de façon qu'il se retrouve au LSR, l'impulsion doit être exactement égale et opposée à la vélocité de l'étoile dans ce référentiel. Ainsi, le mouvement d'origine se trouve annulé, et l'objet devient stationnaire. Le défi est de taille : imaginez un chirurgien accomplissant une opération délicate avec un instrument aussi rudimentaire qu'un club de golf.

Que ce soit par un délicat coup de billard ou par un puissant swing de golf, il est donc très improbable qu'un objet comme ʻOumuamua, s'il est d'origine naturelle, ait pu être éjecté d'un système au LSR.

Cela nous laisse aux prises avec une troisième hypothèse, à peine plus plausible.

Un objet expulsé d'un système stellaire qui se trouve au LSR pourrait lui-même y rester si l'expulsion avait lieu en périphérie extrême du système, là où l'emprise gravitationnelle de l'étoile centrale est la plus faible. De fait, c'est probablement de ces enveloppes extérieures, similaires à notre nuage de Oort, que sont issus la plupart des comètes et astéroïdes interstellaires qui parviennent à se libérer du joug de leur étoile. Plus faible est l'attraction gravitationnelle de l'étoile, qu'elle se trouve au repos dans le LSR ou en mouvement par rapport à lui, plus aisée est, pour les objets, l'évasion sous l'effet d'une autre source de gravité.

Le nuage de Oort de notre système solaire est à ce titre un bon exemple. Il s'étend jusqu'à 100 000 unités astronomiques du Soleil – une unité astronomique (UA) correspond à la distance Terre-Soleil, soit 150 millions de kilomètres. L'emprise gravitationnelle du Soleil sur des objets situés à une telle distance est considérablement plus faible que celle qu'elle exerce, par exemple, sur la Terre. Tout là-bas, il suffit de communiquer à un objet une pichenette de 3 500 km/h – ce que peut produire, par exemple, la rencontre avec une étoile passant dans les parages – pour le projeter sur une trajectoire interstellaire.

Ainsi, si 'Oumuamua s'est échappé de la couronne extérieure d'objets glacés d'une étoile au repos dans le LSR, cela pourrait expliquer sa vélocité pratiquement nulle dans ce référentiel. Mais il resterait à expliquer pourquoi 'Oumuamua n'est pas un objet de glace.

Quelle que soit la façon dont on retourne le problème, l'origine dynamique de 'Oumuamua – le fait qu'il se trouvait au LSR avant de rencontrer notre système solaire – relève d'un cas extrêmement rare, d'autant que l'objet est totalement dépourvu de glace, puisqu'il n'a produit aucun dégazage lors de son passage à proximité du Soleil.

Cela nous conduit à notre hypothèse alternative, à savoir que 'Oumuamua est un objet artificiel, conçu spécialement pour se trouver au repos dans notre référentiel local. Peut-être qu'il y a fort longtemps 'Oumuamua n'était pas une épave mais une pièce d'équipement construite par une civilisation technologique extraterrestre, dans un but précis.

Peut-être s'agissait-il d'une sorte de balise.

Nous nous représentons 'Oumuamua comme un objet qui s'est rué vers nous, mais il est plus instructif de visualiser le mouvement en renversant la perspective. Du point de vue de 'Oumuamua, c'était lui qui se trouvait au repos et le Système solaire qui lui a foncé dessus. Ou, pour utiliser une métaphore marine, mais peut-être même au sens propre, ʻOumuamua était planté comme une balise dans l'océan du cosmos et notre système solaire serait venu la frôler à haute vitesse, comme un navire dans la brume.

Cette hypothèse qu'une civilisation extraterrestre a conçu ʻOumuamua pour le placer au LSR soulève une question évidente : dans quel but ? Plusieurs idées me viennent à l'esprit. Peut-être cette civilisation voulait-elle planter l'équivalent interstellaire d'un panneau de signalisation, d'une balise ou même d'un phare. De telles balises pourraient composer un réseau de télécommunications. Ou bien l'objet pourrait servir de fil-piège : un système d'alerte qui se déclencherait lorsqu'une des balises serait projetée hors du LSR. En poursuivant cette idée, peut-être ses concepteurs voulaient-ils brouiller les pistes, en la plaçant au LSR pour camoufler d'où elle venait. Quelques lois de physique et quelques formules mathématiques suffisent en effet pour reconstituer la trajectoire d'un objet et remonter à son point de départ. C'est ce que font tous les jours les organismes de défense militaire comme, aux États-Unis, le NORAD (North American Aerospace Defense Command, Commandement de la défense aérospatiale de l'Amérique du Nord). Ainsi, une civilisation extraterrestre qui maîtriserait elle aussi les mathématiques et possèderait une bonne carte du cosmos n'aurait aucun mal à remonter la trajectoire de nos sondes interstellaires et à identifier la Terre comme leur point de départ.

Toutes ces analogies sont empruntées à la Terre parce que leur auteur est lui-même terrestre. Mais si la civilisation humaine a mis au point des systèmes de télécommunications par satellite, et des réseaux d'alerte et de détection, d'autres civilisations seraient susceptibles d'avoir fait de même. En outre, ces spéculations sont d'autant plus plausibles que notre civilisation serait elle-même capable, si elle le souhaitait, de concevoir, construire et lancer de telles balises spatiales. Nous n'aurions même pas besoin de justifier leur existence. Si, par exemple, l'Inde plaçait une telle balise dans l'espace, les responsables de la NASA pourraient s'interroger sur les objectifs, mais ils n'auraient aucun mal à accepter le fait qu'un objet plat et lumineux, frappé du logo de l'ISRO (Indian Space Research Organisation, Organisation indienne pour la recherche spatiale), a été placé au LSR.

L'obstacle qui empêche d'adhérer à cette explication est qu'il faut d'abord accepter que 'Oumuamua ait une origine extraterrestre. Et l'obstacle à cette dernière hypothèse est qu'elle nécessite de prendre au sérieux la possibilité que nous ne sommes pas la seule intelligence à l'œuvre dans l'univers.

Une balise. Un relais de télécommunications. Un panneau de signalisation pour voyageurs interstellaires. Une plateforme de lancement de sondes spatiales. Une épave ou un débris abandonné par une civilisation extraterrestre. Tous constituent des explications plausibles au mystère 'Oumuamua : plausibles parce que notre propre civilisation en a déjà mis au point, quoiqu'à une échelle plus modeste, et en construira certainement d'autres si elle poursuit son exploration de l'espace interstellaire.

Ce qui rend ces hypothèses non plausibles c'est notre incapacité à accepter l'existence d'intelligences extraterrestres : toutes ces explications possibles sont alors balayées. Tout comme refuser de regarder à travers le télescope de Galilée a permis d'ignorer ses observations.

Peut-être est-ce là l'influence de mauvais récits de science-fiction, ou juste une faille dans la capacité de certaines personnes à élargir le champ des hypothèses qu'elles veulent bien considérer, mais présenter une explication qui s'appuie sur l'existence d'une civilisation extraterrestre s'apparente à présenter un télescope à un sceptique qui refuse de regarder à travers.

Pour vaincre de tels préjugés, le meilleur remède est, me semble-t-il, de réfléchir par soi-même. Si certaines hypothèses vous paraissent farfelues, exagérées ou déconnectées de la réalité, rappelez-vous les indices et les preuves avancées.

Les données nous indiquent que 'Oumuamua est un disque mince et brillant qui se trouvait au LSR ; en rencontrant l'attraction gravitationnelle du Soleil, il a dévié de la trajectoire que cette attraction aurait dû lui faire suivre, sans montrer le moindre signe de dégazage ou de désintégration.

En résumé, ces données font de 'Oumuamua un cas exceptionnel du point de vue statistique.

Si on lit les chiffres de manière très conservatrice, 'Oumuamua, corps naturel de type comète, aurait, de par sa forme, sa brillance, et son accélération anormale, un taux d'occurrence d'un cas par million d'objets rencontrés. Et même si on lui prête une composition qui explique sa déviation de trajectoire sans dégazage visible par nos instruments, son taux d'occurrence probable se limite encore à un sur plusieurs milliers.

Mais ce n'est pas tout. N'oublions pas que sa période de rotation sur lui-même n'a pas varié. Sans doute seule une comète sur plusieurs milliers parvient à ne pas être déstabilisée par la perte de matière qu'a impliquée l'accélération non gravitationnelle de 'Oumuamua. En multipliant toutes ces très faibles probabilités entre elles, on arrive à la probabilité finale d'un cas sur un milliard que 'Oumuamua puisse être une comète.

En plus de maintenir une période de rotation invariable, l'objet n'a pas connu non plus d'à-coups sur d'autres axes : au cours d'un éventuel dégazage, il faut donc que les jets à réaction de tous côtés s'équilibrent et s'annulent parfaitement. Si on estime qu'une telle coïncidence a une chance sur mille de se produire, alors le produit des probabilités fait encore baisser l'estimation du taux d'occurrence de 'Oumuamua aux alentours d'un sur mille milliards.

Et il nous reste encore à considérer l'insolite position initiale de 'Oumuamua dans le LSR, le référentiel au repos local. Si on choisit l'hypothèse qu'il a été relâché par une étoile au repos dans ce référentiel, sachant que seules 0,2 % des étoiles s'y trouvent, alors la probabilité que 'Oumuamua soit une comète répondant à tous ces critères atteint à peine un sur un million de milliards.

Une probabilité aussi faible est difficile à accepter : elle nous pousse à chercher pour 'Oumuamua une explication alternative. C'est ce qui m'a conduit à suggérer à Shmuel Bialy que nous réfléchissions à une hypothèse plus plausible. Or nous n'en trouvions qu'une expliquant l'accélération non gravitationnelle de l'objet : l'étrange poussée qui écartait 'Oumuamua de sa trajectoire était provoquée par le rayonnement solaire.

Cela cadrait très bien avec un indice en particulier. D'après les observations, cette force additionnelle, qui faisait dévier 'Oumuamua de sa trajectoire, diminuait en fonction du carré de la distance au Soleil : cela s'expliquait parfaitement si la force était causée par de la lumière solaire réfléchie.

Cela étant, la force procurée par le rayonnement solaire est très faible. Nous avons calculé que si elle était effectivement responsable, ʻOumuamua devait avoir une épaisseur inférieure à un millimètre et un diamètre d'environ vingt mètres. Il faut noter au passage que le calcul du diamètre dépend de la réflectivité de l'objet, laquelle est inconnue. Si ʻOumuamua était un réflecteur parfait, renvoyant dans l'espace 100 % de la lumière incidente, alors, pour une épaisseur submillimétrique, on arrive à ce diamètre de vingt mètres.

À notre connaissance, il n'existe rien de *naturel* dans l'espace qui possède de telles dimensions et aucun processus naturel n'est susceptible d'en produire. En revanche, notre civilisation a mis au point un tel objet, qu'elle a même lancé dans l'espace : une voile solaire.

Nous sommes arrivés à cette hypothèse en respectant la logique et les données en notre possession, c'est-à-dire en nous en tenant aux faits. Mais considérer sérieusement cette hypothèse nous force à nous pencher sur des questions nouvelles et insolites, qui ont à voir avec la manière dont ʻOumuamua est apparu et l'endroit d'où il provient. Elles peuvent même, comme nous allons le voir, nous conduire à nous demander si nous pourrions un jour rencontrer ses mystérieux créateurs.

L'hypothèse de la photovoile nous ouvre à tout un monde de possibilités – à la différence de celle de la comète, qui n'a fait qu'en réduire le champ. Le fait qu'un consensus scientifique se soit dégagé pour soutenir la plus conservatrice et la plus réductrice des deux hypothèses nous en dit moins sur le phénomène lui-même que sur les chercheurs qui l'étudient, ainsi que sur la culture scientifique en général.

7. L'exemple des enfants

Sommes-nous seuls ? Cette question est l'une des plus fondamentales qui se posent à l'humanité. Le jour où nous lui aurons trouvé une réponse définitive, négative ou positive, nous serons face à une découverte essentielle, qui dépassera toutes les autres interrogations d'ordre cosmologique.

Bien sûr, il serait intéressant de savoir ce qui a précédé le Big Bang, où s'en va la matière qui disparaît dans un trou noir ou quelles connaissances théoriques permettront d'unifier la relativité générale et la physique quantique. Durant ma carrière, j'ai consacré beaucoup de temps à tenter de répondre aux deux premières questions. Mais les réponses à ces interrogations affecteraient-elles autant notre conscience qu'apprendre que, dans le cosmos, nous ne sommes qu'une forme d'intelligence parmi d'autres – ou, au contraire, que nous sommes la seule forme d'intelligence consciente qui l'occupe ? J'en doute.

Parce que cette question me semble cruciale, je trouve étonnant que les chercheurs aient si rarement cherché à lui trouver une réponse, et de manière aussi désinvolte. Cela ne date pas d'hier, et de la résistance opposée à mon hypothèse de photovoile. Cette réticence à lire les messages de ʻOumuamua est bien plus ancienne que le passage de celui-ci à travers notre système solaire.

La recherche de la vie extraterrestre a rarement été plus qu'une curiosité pour la plupart des chercheurs : un sujet qui mérite à peine l'attention, voire un objet de dérision. Peu de chercheurs réputés ont osé consacrer leur carrière à faire progresser l'enquête et, même à l'apogée de sa respectabilité académique, dans les années 1970, seule une centaine de scientifiques étaient associés publiquement aux recherches de l'institut SETI. Bien plus de physiciens s'adonnent à des travaux mathématiques beaucoup plus spéculatifs.

L'approche la plus rigoureuse de la question SETI a débuté en 1959, lorsque deux physiciens de l'université Cornell, Giuseppe Cocconi et Philip Morrison, ont écrit un article fondateur intitulé « À la recherche de communications interstellaires ». Publié dans la prestigieuse revue scientifique *Nature*, l'article posait deux hypothèses simples de départ[1]. D'abord, des civilisations extraterrestres aussi avancées que la nôtre, voire plus avancées, existeraient bien. Ensuite, de telles civilisations signaleraient leur présence en diffusant des signaux radio sur une fréquence de 1,42 GHz, cette « fréquence étalon, unique et objective, que doit connaître tout observateur de l'univers ». Cocconi et Morrison faisaient référence à l'émission naturelle de l'hydrogène neutre sur vingt et un centimètres de longueur d'onde – cette même fréquence qui me préoccuperait un demi-siècle plus tard lorsque je me pencherai, avec nombre d'autres astrophysiciens, sur la naissance de l'univers.

L'article fit sensation, marquant l'avènement du programme SETI et posant le cadre de toutes les recherches à suivre, avec sa phrase de conclusion : « Les chances de succès sont difficiles à estimer mais, si nous n'effectuons aucune recherche, les chances de succès sont nulles. » Cette remarque fait écho à une autre, bien plus ancienne, attribuée au philosophe Héraclite d'Éphèse : « Si vous ne vous attendez pas à l'inattendu, vous ne le trouverez pas. »

L'article de Cocconi et Morrison me rappelle aussi le vieil adage sur les personnes munies de marteaux qui ne voient autour d'elles que des clous. Les deux auteurs ont écrit leur texte un quart de siècle après les débuts de la radioastronomie, ce qui les a certainement préparés à « s'attendre à l'inattendu ». Et, comme avec notre hypothèse, à Bialy et à moi, de la photovoile, les hommes semblent plus susceptibles de repérer la signature technologique de civilisations extraterrestres lorsqu'ils ont eux-mêmes développé la technologie en question.

L'article de Cocconi et Morrison a immédiatement inspiré l'astrophysicien Frank Drake, qui enseignait également à Cornell. En 1960, celui-ci décida d'entreprendre le type de recherche préconisée par les deux auteurs. Grâce à l'Observatoire national de radioastronomie de Green Bank, en Virginie-Occidentale, Frank Drake mit sur écoute deux étoiles proches, de type solaire, Tau Ceti et Epsilon Eridani. Durant cent cinquante heures réparties sur quatre mois, Drake utilisa le radiotélescope pour tenter de discerner un signal qui indiquerait l'existence d'une intelligence, sans succès. Il envisageait cette recherche d'une vie extraterrestre avec un certain sens de la fantaisie, qui se reflète dans le nom qu'il donna au projet : « Ozma », comme la princesse du *Magicien d'Oz*, le roman pour enfants de l'écrivain américain Lyman Frank Baum.

Le projet de Frank Drake rencontra beaucoup d'intérêt et reçut une vaste couverture médiatique. Que quelque deux cents heures d'observation ne conduisent à aucune découverte n'affecta en rien l'enthousiasme du public. Sur sa lancée, Drake organisa en novembre 1961 à l'observatoire de Green Bank un séminaire sponsorisé par l'Académie américaine des sciences. C'est là qu'il formula pour la première fois l'équation qui porte son nom, et qui permet d'estimer le nombre de civilisations extraterrestres en train de communiquer dans la galaxie.

On trouve aujourd'hui l'équation de Drake imprimée sur des tee-shirts, rabâchée dans les romans de science-fiction ; le scénariste Gene Roddenberry l'a empruntée pour donner un semblant de crédibilité à la série télévisée *Star Trek*, et elle a été, depuis sa création, affinée, modifiée et critiquée par nombre de chercheurs. Mais, au-delà de ce battage médiatique, l'équation de Drake est simplement une manière heuristique et abrégée de décomposer le problème SETI en un petit nombre de facteurs séparés. Elle s'exprime de la façon suivante :

$$N = R^* \, x \, f_p \, x \, n_e \, x \, f_l \, x \, f_i \, x \, f_c \, x \, L$$

où les termes sont les suivants :

N : le nombre de civilisations dans notre galaxie à même de communiquer avec nous actuellement ;
R^* : le taux de formation d'étoiles dans notre galaxie ;
f_p : la fraction d'étoiles qui possèdent un système de planètes ;
n_e : le nombre de planètes dans chaque système qui possèdent un environnement favorable à la vie ;
f_l : la fraction de ces planètes à l'environnement favorable sur lesquelles la vie est effectivement apparue ;

f_i : la fraction de ces planètes abritant la vie sur lesquelles s'est développée une vie intelligente ;

f_c : la fraction de ces planètes abritant une intelligence qui ont accouché d'une technologie permettant la communication interstellaire ;

L : la durée (en années) pendant laquelle une telle civilisation technologique émet effectivement des signaux détectables.

À la différence de nombre d'équations, celle de Drake n'a pas pour vocation d'être résolue. Elle est plutôt destinée à servir de cadre pour réfléchir au nombre de civilisations intelligentes dans notre galaxie dont nous pourrions détecter les signaux. Il est fort peu probable que nous parvenions un jour à déterminer un nombre exact pour chaque variable, et donc à trouver leur produit final.

Frank Drake ne fut pas le seul à élaborer un cadre pour la recherche d'intelligences extraterrestres. Ronald Bracewell proposa une approche différente en 1960 et Sebastian von Hoerner, un astrophysicien allemand, fit de même en 1961. Mais ce fut Drake et son équation qui monopolisèrent l'attention dans ce domaine, pour le meilleur et pour le pire.

Je dis « pour le pire » parce que l'équation de Drake porte uniquement sur la transmission de signaux radio. Elle se limite à estimer le nombre de télécommunications interstellaires, lesquelles prouveraient l'existence de civilisations extraterrestres. Cette focalisation sur les télécommunications s'accompagne d'une seconde limite, à savoir la variable L de l'équation, qui correspond à la durée pendant laquelle une espèce intelligente s'adonnerait à l'envoi de signaux. Notez par contraste que l'espèce humaine produit des polluants atmosphériques, détectables par télescope, depuis plusieurs siècles, mais n'émet de signaux radio interstellaires que depuis quelques décennies.

Ces deux limites soulignent le problème fondamental de l'équation de Drake. Elle a certes le mérite d'avoir été la première initiative visant à identifier les variables qui permettent d'estimer le nombre d'intelligences extraterrestres, mais son formalisme a de fait réduit ses chances de succès. Lorsque les chercheurs de SETI échouèrent à détecter des signaux radio extraterrestres, les critiques ne se privèrent pas de déclarer à la fois l'équation et l'ensemble des recherches SETI fantaisistes et caduques.

En 1992, pour soutenir ces recherches, le gouvernement américain avait attribué 12,25 millions de dollars à la NASA destinés à financer un programme de radioastronomie. L'année suivante, le financement de SETI était arrêté. Lorsque le Congrès américain retira son soutien et ses fonds, le sénateur du Nevada Richard Bryan déclara : « Des millions ont été dépensés et nous n'avons pas attrapé le moindre petit homme vert[2]. » Bien d'autres déclarations reflètent l'ignorance et les faux raisonnements qui ont entravé les tentatives de l'humanité pour savoir si nous sommes seuls dans l'univers. Toutes proportions gardées, la somme dépensée en 1992 restait dérisoire tandis que les chances de succès étaient infimes.

Cela dit, les premiers chercheurs de SETI n'ont guère aidé leur propre cause. L'accent quasi exclusif mis sur la recherche de signaux radio ou optiques a porté l'attention sur des présupposés regrettables, tant pour les scientifiques que pour le grand public, quant aux types de recherche à considérer et financer. Très récemment seulement s'est manifesté un intérêt croissant pour la recherche de biosignatures, telle la détection d'oxygène ou de méthane dans l'atmosphère d'exoplanètes ou celle d'une prolifération d'algues à grande échelle dans leurs océans, ou pour la recherche de technosignatures, comme des marqueurs de pollution industrielle dans ces mêmes atmosphères d'exoplanètes ou des îlots de chaleur concentrée, suggérant des implantations urbaines.

Dans la quête d'intelligences extraterrestres, ces méthodes nouvelles cherchent encore leur place, et la communauté scientifique en général ne les soutient guère, contrairement à ce qu'elle devrait faire. Notre culture scientifique a besoin de mûrir, tant par rapport à SETI que dans d'autres domaines où notre imagination reste limitée.

Dans mon bureau, un tiroir classeur porte la simple étiquette « Idées ». À l'intérieur, un dossier suspendu contient des chemises cartonnées. Parfois elles sont nombreuses, parfois non. Chaque chemise renferme plusieurs feuilles de papier où des équations sont notées. Celles-ci concernent des questions et des problèmes qui me sont venus à l'esprit et méritent réponse. Ils m'accompagnent souvent dans mes promenades au fond de mon jardin et dans les bois. Aussi cliché que cela paraisse, ils me viennent généralement à l'esprit lorsque je prends ma douche – à tel point que, après le passage récent d'une équipe de tournage néerlandaise qui avait demandé à filmer ma douche pour illustrer ce propos, mon épouse m'a offert un stylo et une tablette imperméables.

Bien avant de leur consacrer un tiroir, et d'avoir des étudiants et des post-doctorants avec qui les partager, je collectionnais les idées. Elles m'ont servi de graines à partir desquelles mes projets de recherche ont mûri. À ce jour, ces petites graines ont abouti à la publication de plus de sept cents articles scientifiques, six livres (y compris celui que vous lisez actuellement) ainsi qu'à un grand nombre de prédictions aujourd'hui confirmées, qui touchent tant à la naissance des étoiles qu'à la détection des exoplanètes et aux propriétés des trous noirs.

Je ne me fie pas pour autant à ma seule imagination. Toutes mes recherches suivent le même principe de base, à savoir le contact direct avec les données. J'évite les spéculations mathématiques ou ce que j'appelle les « bulles théoriques ». Trop souvent, les astrophysiciens se perdent dans des théories qui s'écartent librement des données, emportant avec eux subventions et talents. Une seule réalité nous entoure, et nous avons déjà fort à faire pour explorer toutes ses anomalies.

Comme je l'ai expliqué à des générations d'étudiants, il est dangereux de se lancer dans des abstractions dont les chances d'être confirmées par les données sont rares ou inexistantes. Mais, sans doute, nombre d'étudiants pensent qu'il est tout aussi dangereux de poursuivre des axes de recherche ou d'avancer des conclusions qui vont à l'encontre de la pensée scientifique dominante. À mon sens, une telle attitude est non seulement regrettable mais également dangereuse.

Alors que les dernières décennies ont fortement encouragé la recherche de la vie extraterrestre, je demeure frappé par l'ampleur de ce qui a été sous-exploré, sous-financé, jugé peu digne d'intérêt par nombre de chercheurs, et donc tout ce qui reste à faire. Lorsque je rapporte à mes collègues les réactions de mes étudiants aux deux expériences de pensée décrites dans l'introduction de ce livre, la plupart rient. Pourtant, nous devrions sans doute y porter plus d'attention, et nous demander si une vérité concernant notre profession ne se dégage pas de ces réponses.

À la différence de ce qui se passe sur les réseaux sociaux, le progrès dans les sciences s'évalue au degré de rapprochement entre l'idée proposée et la réalité des faits. Cette vérité essentielle suggère que la mesure du succès pour les physiciens devrait être la concordance entre leurs idées et les données plutôt que le degré de popularité des premières. Ce n'est pas ce que nous découvrons lorsque nous passons en revue le champ de la physique théorique. La mode du jour influence souvent l'attribution des subventions, parfois en l'absence de tout rendement.

C'est ainsi que, malgré l'absence de preuves les concernant, les concepts mathématiques de supersymétrie, dimensions supplémentaires de l'espace, théorie des cordes, rayonnement de Hawking et multivers sont considérés comme allant de soi et irréfutables par la pensée dominante qui règne en physique théorique. Pour reprendre les mots d'un physicien réputé lors d'un colloque auquel j'assistais : « Ces idées doivent être justes, même sans preuve expérimentale pour les soutenir, parce que des milliers de physiciens en sont convaincus, et qu'il est difficile d'imaginer qu'une si large communauté de scientifiques doués en mathématiques puisse se tromper. »

Il faut s'affranchir de cette pensée de groupe et considérer les données de plus près. Prenons la supersymétrie. Cette théorie, qui postule que chaque particule possède un partenaire symétrique, n'est pas aussi naturelle que les théoriciens veulent bien le croire. Les dernières données réunies par le Grand Collisionneur de hadrons du CERN n'ont apporté aucune preuve en faveur de la supersymétrie dans la gamme d'énergie où on aurait dû en trouver. Dans les domaines que sont la matière noire, l'énergie sombre, les dimensions supplémentaires et la théorie des cordes, on manque également de preuves.

Imaginez que les données suggérant que l'objet 'Oumuamua est le produit d'une technologie extraterrestre soient plus convaincantes que celles qui soutiennent la validité de la supersymétrie. Que devrait-il alors se passer ? Pas loin de cinq milliards de dollars ont été dépensés pour construire le Grand Collisionneur de hadrons – l'accélérateur de particules qui doit confirmer l'existence de la supersymétrie –, et son fonctionnement coûte un milliard de dollars supplémentaires par an. Si la communauté scientifique abandonne finalement la théorie, ce sera après un investissement énorme, tant humain que financier. Tant que des ressources équivalentes n'auront pas été investies dans la recherche des intelligences extraterrestres, les déclarations sur ce que 'Oumuamua doit être ou ne pas être ne peuvent être jugées qu'en conséquence.

Outre la supersymétrie, une foule de théories – le multivers en tête – reçoivent, malgré l'absence de preuves, attention et respect de la part de la communauté scientifique. Cela nous invite à réfléchir, et pas uniquement parce que les preuves manquent. C'est le fonctionnement de la science lui-même qui se trouve ainsi révélé.

Ce qui fait obstacle à un examen équitable de la proposition selon laquelle 'Oumuamua appartient à une technologie extraterrestre ne relève pas tant des données, de leur méthode de collection ou du raisonnement derrière l'hypothèse. Ce qui fait barrage, c'est la réticence à regarder au-delà des données et à imaginer la prochaine étape de réflexion. Parfois c'est du message que vient le problème, parfois du messager, mais quand l'un et l'autre se heurtent à un destinataire qui ne veut rien entendre, la difficulté dépasse la nature des données ou le raisonnement lui-même. Le fait que la recherche de la vie extraterrestre attire moins l'attention et le potentiel intellectuel que d'autres mystères de l'univers a des causes multiples. Sans doute, les scénarios souvent absurdes des œuvres de science-fiction y sont-ils pour quelque chose. Les préjugés des astronomes et des astrophysiciens également. Ces partis pris, se cumulant, ont eu un effet dissuasif sur les nouvelles générations de chercheurs.

Aujourd'hui, un jeune spécialiste d'astrophysique théorique décrochera plus facilement un poste à temps plein en dissertant sur le multivers qu'en cherchant des signes d'intelligence extraterrestre. C'est très regrettable, d'autant qu'au début de leur carrière les chercheurs ont beaucoup plus d'imagination. Durant cette période où ils produisent énormément, ils affrontent une profession qui, sciemment ou inconsciemment, réduit leurs centres d'intérêt en attisant leur crainte de se retrouver en marge du système dominant.

Autrefois, les chercheurs en physique théorique avaient la modestie de considérer que leurs théories pouvaient être contredites par les données expérimentales. Aujourd'hui, une nouvelle culture scientifique, qui se complaît dans son propre univers théorique et exerce une large influence sur les comités de lecture et organismes de financement, est peuplée de promoteurs de paradigmes populaires mais dénués de preuves. Lorsque les chercheurs redoublent d'efforts pour prouver la supersymétrie alors que le Grand Collisionneur de hadrons n'en trouve aucune trace, ou soutiennent que le multivers doit exister alors qu'aucune donnée ne permet de l'affirmer, ils gaspillent du temps, de l'argent et du talent. Or l'argent est compté, mais le temps également.

L'ironie de l'histoire est que nombre de chercheurs adultes ont su, un jour, instinctivement, éviter ce type de gaspillage. Lorsque les parents ouvrent à leurs enfants leur premier compte en banque, ceux-ci tombent souvent dans le piège d'imaginer tout l'argent qui va s'y accumuler et tout ce qu'ils pourront s'offrir. Mais, après plusieurs vérifications de leur solde au distributeur, ils voient leurs illusions s'envoler. Non seulement leur pécule reste insuffisant pour satisfaire leurs rêves, mais leur capital augmente très lentement. Les enfants surmontent généralement cette déception en apprenant à consulter leurs comptes avec réalisme et à ajuster leurs projets aux données affichées.

Une culture scientifique qui n'a pas appris cette leçon – qui se dispense de confronter ses projets aux données objectives et soutient que des idées sont justes parce que mathématiquement élégantes – court le risque de perdre ses repères. Récolter des données et les comparer aux concepts théoriques permet de vérifier la réalité et nous évite de fantasmer. En outre, l'exercice constitue le cœur même de notre discipline. La physique n'est pas une activité récréative que l'on pratiquerait pour se sentir bien. La physique est un dialogue avec la nature, pas un monologue. Nous sommes supposés prendre des risques et réaliser des prédictions vérifiables, et il faut pour cela que les chercheurs acceptent de se tromper.

À une époque dominée par les réseaux sociaux, les sciences en général et l'astrophysique en particulier doivent retrouver leur humilité originelle. Pourquoi cela serait-il si difficile ? Récolter des données expérimentales et trier grâce à elles les idées théoriques devraient devenir une priorité majeure. Se laisser guider par les données est rassurant mais promet également des résultats tangibles et des applications immédiates. Plutôt que passer leur carrière à suivre des cheminements mathématiques qui risquent d'être jugés inutiles par les générations futures de physiciens, les scientifiques devraient se concentrer sur les domaines de recherche où la valeur de leurs idées peut être jugée et rétribuée de leur vivant.

Aucun domaine d'étude autant que la recherche d'une vie extraterrestre ne présente un tel rapport entre risques encourus et gains potentiels. En outre, avec seulement onze jours de données collectées lors du passage de 'Oumuamua, nous disposons déjà de plus d'indices significatifs que toutes les « bulles théoriques » qui occupent aujourd'hui le devant de la scène astrophysique.

Il faut prêter attention aux déductions intuitives des enfants car ils s'y livrent avec beaucoup plus de facilité que nombre d'adultes encombrés de leur ego ou de leurs préjugés intellectuels. Lorsque mes filles, Lotem et Klil, ont appris que leur père travaillait sur un projet visant à envoyer une sonde StarChip vers l'exoplanète Proxima b, qui orbite dans la zone habitable de l'étoile Proxima du Centaure, elles ont manifesté de la curiosité, une curiosité qui est allée grandissant lorsque je leur ai dit que la rotation de la planète était sans doute synchronisée avec sa révolution autour de l'étoile, de sorte qu'elle lui présente toujours la même face, l'autre étant tournée vers la froide obscurité de l'espace. Après avoir réfléchi un moment, ma plus jeune fille, Lotem, déclara que si tel était le cas il lui faudrait deux maisons : l'une sur la face obscure pour dormir, l'autre sur le côté éclairé où elle pourrait travailler et passer ses vacances.

Il serait faux de croire que la remarque de Lotem concernant le marché immobilier interstellaire relève de la pure fantaisie. Les expériences de pensée qui prennent en compte les lois de la physique sont source de découverte, et une manière de cheminer vers l'explication de nombreuses anomalies constatées sur Terre et ailleurs dans l'univers. Dans la façon de penser des enfants, moins rigide que celle des adultes, nous pourrions bien trouver les intuitions qui feront avancer la science, et notre civilisation. Et l'une des pires erreurs consiste à plaquer nos préjugés conservateurs sur les instincts et les idées des autres, et recommander la prudence intellectuelle pour de mauvaises raisons.

La science est avant tout une expérience d'apprentissage, qui fonctionne si nous restons humbles face aux erreurs que nous commettons, comme les enfants apprennent à connaître leur environnement en s'y cognant. Comme les coins de meubles, les anomalies sont rarement agréables lorsqu'on s'y frotte pour la première fois. Elles perturbent ce que nous pensions savoir, se dressent contre les théories et croyances tenues par nous pour acquises, et résistent à nos efforts pour les plier selon nos préjugés. Dans ces circonstances, justement, l'imagination doit s'effacer derrière les données, et la science suivre celles-ci où qu'elles conduisent.

À la fin du XIXe siècle, par exemple, les physiciens avaient noté quelque chose d'étrange concernant le rayonnement thermique, la lumière émise par les corps chauds. Le spectre de ce rayonnement prend l'allure d'une courbe qui culmine en un pic unique dont la longueur d'onde dépend de la température du corps : plus celle-ci est élevée, plus la longueur d'onde est courte. On le constate à travers l'exemple des étoiles : les petites étoiles naines de basse température sont rouges, les étoiles plus chaudes comme notre soleil émettent un maximum de rayonnement dans le jaune, tandis que les étoiles les plus grosses et les plus chaudes le font dans le bleu. Malgré tous leurs efforts, les physiciens n'arrivaient ni à expliquer ni à modéliser ces courbes spectrales aux maxima très marqués, jusqu'à ce qu'en 1900 Max Planck avance que les objets absorbent et émettent de l'énergie sous la forme d'unités discontinues, des quanta. Cette proposition révolutionnaire ouvrit la voie à la mécanique quantique et à une nouvelle ère de la physique moderne.

Même un génie comme Albert Einstein restait perplexe face aux propriétés bizarres du monde quantique, en particulier le phénomène de l'intrication quantique et le concept de non-localité quantique : cette mystérieuse capacité qu'ont deux particules d'interagir quelle que soit la distance qui les sépare. Einstein s'est efforcé d'appréhender ce comportement, pour finalement le traiter d'« action fantôme à distance ». Des expériences récentes nous apprennent qu'il avait tort de le prendre à la légère, et que plus nous comprenons le phénomène de non-localité plus nous cernons la nature intime du monde réel.

La science demande, à la base, de l'humilité, et l'acceptation que l'imagination humaine est incapable de saisir dans sa totalité la richesse et la diversité de la nature. L'humilité doit conduire à l'émerveillement et, dans la foulée, au désir de s'ouvrir à une gamme plus large de possibilités.

Dans le monde de la science, les choix difficiles sont fréquents. Souvent effectués sans consulter les principaux intéressés, ils canalisent les efforts vers certaines possibilités au détriment d'autres. Par exemple, alors que les grands télescopes se multiplient sur Terre, leur nombre reste insuffisant pour satisfaire tous les astronomes qui souhaitent les utiliser. Afin d'attribuer des créneaux d'observation, les universités et autres institutions constituent des comités et des agences de financement. Ceux-ci jugent et classent les requêtes par ordre de priorité en s'appuyant sur l'expertise des comités, mais en reflétant aussi inévitablement leurs partis pris et préjugés. Je considère que tous ces comités décisionnaires devraient automatiquement réserver une portion significative de leurs ressources – disons 20 % – aux projets à hauts risques. Comme un portefeuille financier, il faut que les investissements de l'humanité en matière de science soient diversifiés.

Pourtant, les chercheurs sont nombreux à s'écarter de cette ligne de conduite, surtout après avoir perdu l'enthousiasme de leur jeunesse et gravi les échelons jusqu'à un poste de premier plan. Au lieu de profiter de cette sécurité d'emploi, ils créent des chambres d'écho grâce à des étudiants et post-doctorants qui amplifient leur influence et leur réputation scientifiques. Honneurs et distinctions, qui ne devraient représenter qu'un vernis, deviennent trop souvent une obsession. Les concours de popularité n'ont rien à voir avec une recherche scientifique honnête : la vérité scientifique ne dépend pas du nombre de *likes* sur Twitter mais des preuves réunies.

L'un des enseignements les plus difficiles à transmettre aux jeunes chercheurs est que la recherche de la vérité peut aller à contre-courant du consensus. Vérité et consensus ne doivent jamais être confondus. Si ce précepte est facilement compris par des étudiants en début de cursus, au fil des ans la pression exercée par les pairs et les perspectives d'emploi tendent à les dissuader de prendre des risques.

L'astrophysique n'est pas le seul domaine à subir ce genre de pression, mais cet encouragement explicite et implicite à adopter une attitude conformiste est à la fois déprimant et préoccupant, vu le nombre d'anomalies encore inexpliquées dans l'univers. Si je ne comprends pas pourquoi des affirmations extraordinaires exigeraient des preuves extraordinaires – après tout, une preuve est une preuve –, j'estime qu'un conformisme extraordinaire nous maintient dans une ignorance extraordinaire. Pour le dire autrement, un surcroît d'enquêteurs prudents ne sera guère utile à notre science.

Si la recherche scientifique doit perdurer, il est du devoir des scientifiques chevronnés non seulement d'attirer à eux les jeunes étudiants de talent mais de leur fournir un environnement dans lequel cette nouvelle génération de chercheurs pourra continuer à effectuer des découvertes malgré leur caractère imprévisible. Les chercheurs en herbe sont comme des allumettes, et le contexte dans lequel ils évoluent fait office de frottoir : cela ne donne rien si, lorsque vous avez besoin de feu, vous tentez d'enflammer une allumette sur un frottoir usé. J'ai appris une leçon : pour alimenter de nouvelles découvertes, mieux vaut des frottoirs neufs.

Au fil des ans, le progrès scientifique a maintes fois été arrêté dans son élan parce que les gardiens de l'orthodoxie croyaient connaître à l'avance toutes les réponses. C'est une évidence, mais placer Galilée en résidence surveillée n'a pas empêché la Terre de tourner autour du Soleil. Des siècles plus tard, le monde s'est unanimement rallié à Galilée. Mais si c'est la seule leçon que l'on tire de ce moment d'histoire, alors je crains que la prochaine découverte majeure ne nous échappe. Nous sommes tributaires à la fois de Galilée et des autorités qui tentèrent de le museler. Il ne suffit pas de célébrer le premier, il faut aussi nous protéger des secondes.

Baignant dans le confort technologique du XXIe siècle, les scientifiques imaginent qu'ils sont les dignes héritiers de

Galilée plutôt que les descendants des hommes – c'étaient uniquement des hommes – qui le muselèrent. C'est comme la tendance des chercheurs à ne retenir que les données qui les arrangent. Notre civilisation n'est pas le produit que des avancées scientifiques, elle est aussi celui de ces moments où, pour toutes sortes de raisons, des avancées ont été freinées, voire brisées. Nous nous trouvons là où nous sommes aujourd'hui non seulement grâce aux hommes et aux femmes qui ont eu le courage de regarder dans un télescope mais aussi à cause des hommes et des femmes qui ont refusé de le faire.

La science s'inscrit dans la durée, et la poursuite de la connaissance est une quête sans fin. Mais sa progression ne suit pas une ligne droite, et les obstacles sont parfois du fait de l'humanité. Malheureusement, comme dans le cas de ʻOumuamua, on oublie l'humilité qui devrait aller de pair avec cet apprentissage sans fin : cette arrogance peut être celle des autorités ecclésiastiques, des institutions laïques ou de chercheurs qui crient victoire prématurément et décident que l'enquête est terminée. Cette attitude est fréquente, et nous devrions garder de tels moments en tête avant de fermer la porte à certaines hypothèses, comme celles qu'appuient les données récoltées sur ʻOumuamua.

Rappelons-nous par exemple qu'en 1894 l'éminent physicien Albert Michelson affirma, considérant toutes les grandes avancées réalisées dans son domaine au cours du siècle écoulé : « Il paraît probable que la plupart des grands principes fondateurs ont été fermement établis [...] un physicien de renom a noté que les futures découvertes des sciences physiques seraient à chercher à la sixième place après la virgule. » En vérité, au cours des décennies qui suivirent, les physiciens virent naître la relativité restreinte, la relativité générale et la mécanique quantique – théories qui ont toutes révolutionné notre conception de la réalité et battu en brèche la prédiction de Michelson.

De même, en août 1909, Edward Charles Pickering déclara dans un article du magazine *Popular Science* que les télescopes avaient atteint leur taille optimale, entre 50 et 70 pouces (1,25 mètre à 1,75 mètre) d'ouverture, et qu'il y avait peu d'intérêt à construire des instruments possédant des ouvertures plus grandes. « D'autres facteurs sont beaucoup plus importants, comme le climat, le type de recherche à effectuer et, par-dessus tout, l'homme derrière l'instrument », écrit Pickering, avant d'ajouter : « Ce n'est pas sans rappeler les navires de guerre. Un vaisseau long de 1 000 pieds parvient-il toujours à couler un vaisseau de 500 pieds ? Il semble que nous avons pratiquement atteint la taille limite pour les télescopes, et il faut espérer que le progrès viendra de quelque autre direction. »

Pickering avait tort, évidemment : des télescopes avec des ouvertures plus grandes recueillent davantage de photons, permettant aux astronomes de plonger plus loin dans l'espace et le temps. Pickering a dirigé l'observatoire de l'université de Harvard entre 1877 et 1919, et ses mots malheureux ont eu une large influence, en particulier sur la côte Est des États-Unis. Le résultat est que la côte Ouest est devenue au cours des décennies suivantes le lieu privilégié de l'observation astronomique aux États-Unis.

Ce déplacement s'opéra progressivement. En décembre 1908, ce fut d'abord un télescope de 60 pouces d'ouverture (1,5 mètre) qui fut inauguré à l'observatoire du mont Wilson, en Californie, sous la houlette de l'astronome George Ellery Hale. Il se trouvait encore dans la fourchette de diamètres jugée optimale par Pickering, et ses résultats furent des plus encourageants. Des astronomes comme Pickering et ses partisans de la côte Est s'en seraient satisfaits, mais pas George Hale qui poursuivit dans cette direction.

Hale ne fut pas long à mettre au point un télescope de 100 pouces d'ouverture (2,5 mètres) qui fut mis en service au mont Wilson en 1917. Il permit à Edwin Hubble et Milton Humason de rapidement découvrir que l'univers était en expansion – l'une des avancées majeures du XXe siècle. Ce télescope de 100 pouces resta le plus grand instrument d'optique du monde jusqu'en 1948, lorsqu'un monstre à l'ouverture deux fois supérieure vit le jour à l'observatoire du mont Palomar, également en Californie. Durant sa longue carrière, ce télescope de 200 pouces (5 mètres) d'ouverture permit aux astronomes de découvrir, entre autres, les radiogalaxies et les galaxies à noyau super-actif, nommées quasars, illuminées par le gaz qu'aspirent en leur centre des trous noirs supermassifs.

Et la taille des télescopes ne cesse d'augmenter. De nombreux instruments de 10 mètres d'ouverture scrutent actuellement le ciel, et trois télescopes géants vont entrer en service au cours des années 2020, possédant des ouvertures respectivement de 24,5 mètres (projet en partenariat avec l'observatoire de l'université de Harvard, ce qui comble un peu le retard pris du temps de Pickering), 30 mètres et 39 mètres. Leurs diamètres imposants offriront une résolution angulaire inégalée, et leurs grandes surfaces collectrices leur permettront de détecter de très faibles sources de lumière, indécelables jusqu'alors. Pickering s'est trompé par arrogance : une arrogance non pas personnelle mais professionnelle. Il croyait que ce que sa génération de chercheurs observait, comprenait et jugeait digne d'intérêt représentait le summum des connaissances. Il n'avait pas saisi que la marche de la science consiste à gravir l'un après l'autre chaque sommet caché.

Pickering ne fut malheureusement pas le seul à pécher par arrogance. Cette erreur est même l'une des plus fréquentes dans l'histoire des sciences. En 1925, Cecilia Payne-Gaposchkin obtint le premier doctorat d'astronomie de Radcliffe College, filiale que Harvard avait créée à l'intention des femmes. Elle affirmait en conclusion de sa thèse que l'atmosphère du Soleil était constituée principalement d'hydrogène. Passant ce travail en revue, le très respecté directeur de l'observatoire de Princeton, Henry Norris Russell, lui fit la remarque que la composition du Soleil ne saurait être très différente de celle de la Terre, et dissuada l'étudiante de conserver sa conclusion dans la version finale. Tout en s'appliquant au cours des années suivantes à prouver qu'elle avait tort à travers l'analyse de données supplémentaires, il dut finalement reconnaître qu'elle avait raison.

Au milieu des années 1950, c'est également l'arrogance qui freina les recherches de Charles Townes lorsqu'il tenta de démontrer la faisabilité du maser, dispositif qui visait à amplifier le rayonnement en micro-ondes d'un élément ou d'une molécule chimique sur la longueur d'onde qui lui était associée. Deux lauréats du prix Nobel, Isidor Isaac Rabi et Polykarp Kusch, lui rendirent visite en 1954 dans son laboratoire de l'université de Columbia, et tentèrent de le convaincre d'abandonner les expériences qu'il menait sur l'ammoniac, persuadés que jamais un tel dispositif ne fonctionnerait. Heureusement, Townes ne se laissa pas démonter, et les masers sont aujourd'hui utilisés pour générer les fréquences de référence des horloges atomiques ainsi que dans le fonctionnement des radiotélescopes et des radio-émetteurs des sondes spatiales. En collaboration avec d'autres chercheurs, Townes continua de développer ses travaux sur les masers, qui menèrent directement à l'invention du laser.

Un exemple plus récent encore me vient à l'esprit. Je demandai un jour à un astronome réputé qui étudie les objets de la ceinture de Kuiper – cet anneau de corps glacés au-delà de l'orbite de Neptune – s'il pouvait y chercher des variations de luminosité qui trahiraient une source de lumière artificielle. « Et pourquoi ? s'étonna-t-il, il n'y a rien à chercher. »

Au départ, la communauté scientifique avait d'ailleurs considéré la ceinture de Kuiper comme une construction théorique et imaginaire. Il y avait bien Pluton, découvert par Clyde Tombaugh en 1930, mais, en raison de sa taille relativement importante, on le prenait pour une planète. Plus d'un demi-siècle plus tard, l'astronome David Jewett, de l'université de Californie à Los Angeles, ne parvenait même pas à décrocher des subventions pour tenter de repérer au télescope les objets de Kuiper, et devait greffer ses recherches sur d'autres projets en cours. Il réussit finalement avec Jane Luu, en 1992, à découvrir un objet autre que Pluton dans la ceinture de Kuiper, grâce au télescope de 88 pouces (2,20 mètres) d'ouverture de l'observatoire de Hawaï, au sommet du volcan Mauna Kea.

Dans chacun de ces exemples, un grand pas en avant a été entravé non en raison d'une technologie insuffisante ou par absence d'imagination, de curiosité ou de données à analyser. Le temps a été perdu à cause de l'arrogance, souvent bien intentionnée, des gardiens du temple. Nous célébrons aujourd'hui l'avènement des télescopes géants et les horizons qu'ils nous ouvrent. Mais où en serions-nous si les scientifiques avaient fait ces découvertes des années, des générations plus tôt ?

De nombreux chercheurs se considèrent comme des êtres à part, membres d'une élite intellectuelle. Consciemment ou non, ils veulent se démarquer du commun des mortels. Cette attitude explique, du moins en partie, un raisonnement que tiennent certains scientifiques que je connais, à savoir qu'ils devraient communiquer avec le public uniquement lorsqu'ils sont certains de ce qu'ils avancent. Leur crainte est que les profanes, saisissant la nature brouillonne de la science – remplie d'hésitations et d'impasses –, considèrent comme contestable ou simplement préliminaire toute annonce scientifique. Même les consensus scientifiques majeurs – comme les effets des humains sur le climat de la Terre et leurs conséquences possiblement désastreuses sur notre espèce et la vie en général – pourraient, redoutent-ils, s'en trouver rejetés. Cette stratégie de rétention possède l'avantage supplémentaire, lorsque les chercheurs publient enfin leurs travaux, de nous faire passer pour plus intelligents que nous ne sommes, et elle limite, de surcroît, les critiques.

Cette attitude n'est pas acceptable. Il est de notre devoir de tenir le public informé, et pas uniquement parce qu'une grande partie de la recherche est financée par les contribuables. Un public éclairé, impliqué et enthousiaste vis-à-vis des avancées scientifiques est un public qui offre son soutien financier en même temps qu'il encourage l'intérêt et les efforts de ses enfants, et parmi eux les esprits les plus talentueux, qui relèveront à leur tour les plus grands défis de la science. Dans cette perspective, une plus grande transparence quant à ce que nous savons et ne savons pas augmentera sur le long terme la crédibilité des scientifiques. Laisser le plus longtemps possible le public dans l'ignorance conduit à la méfiance. Après tout, les anomalies de l'univers n'intéressent pas que les scientifiques. Elles défient l'humanité tout entière, et lorsqu'on parvient à les percer, comme les avancées médicales, c'est au bénéfice de tous. Nous devrions montrer au monde nos travaux en cours, en particulier lorsqu'ils sont truffés d'incertitudes et, en l'absence de preuves définitives, ballottés entre les interprétations contradictoires. Chacun pourrait voir comme nous sommes nous-mêmes souvent surpris par ce que nous découvrons.

De la même manière, l'opprobre jeté, dès le premier cycle universitaire, sur les questions relatives à SETI a un effet dissuasif sur l'intérêt des étudiants de cycle supérieur. D'après une estimation, on n'en compte que huit, au niveau mondial, dont la thèse de doctorat portait sur un sujet directement lié à SETI. La situation, toutefois, est peut-être en train de changer. À l'heure où j'écris ces lignes, sept nouveaux candidats au doctorat travaillent sur des thèses ayant trait à SETI[3]. Quels types de questions et, en conséquence, quels types d'expériences, visant à récolter quels types de données devrions-nous encourager chez cette nouvelle génération d'astronomes ? Là aussi, 'Oumuamua nous offre une piste, pour autant qu'on y prête attention. Un trafic d'équipement artificiel dans l'espace interstellaire peut sembler surprenant, mais il ne sera visible que si on développe des instruments assez sensibles pour le détecter.

J'ai pu décrire la recherche d'une vie extraterrestre comme la forme ultime d'un investissement en capital-risque – avec au passage un coup de chapeau à Iouri Milner. Tout effort de recherche est par définition risqué, comme un investissement. Dans le cas de SETI, cela revient à chercher une aiguille dans une botte de foin, avec la difficulté supplémentaire que nous avons peu d'indices sur les propriétés de l'aiguille en question ; mais, si nous trouvons une aiguille, la récompense sera phénoménale. Un tel retour sur investissement éclipsera tous les travaux scientifiques en cours. Si nous ne sommes pas seuls, le seul fait de le savoir transformera l'humanité, sans parler des connaissances apportées par une telle découverte.

Je sais à quel point il est difficile, particulièrement pour de jeunes chercheurs, de proposer des idées considérées comme étranges par l'*establishment* scientifique. Au point où j'en suis dans ma vie, à la fois la stabilité de ma carrière et une réticence naturelle – qui remonte au moins à mon premier jour d'école – à rechercher l'approbation des autres me mettent à l'abri. Mais, même dans ces conditions, je n'aurais peut-être pas été prêt à avancer l'hypothèse que 'Oumuamua est une photovoile mise au point par une civilisation extraterrestre – et à explorer les possibilités que cette hypothèse implique – si ne m'avait été vivement rappelé combien fragile est la vie et combien étroite la fenêtre d'opportunité dont nous disposons chacun pour faire progresser le bien commun. Ce sont mes travaux scientifiques sur l'univers, en particulier, qui m'en ont fait prendre conscience.

8. L'immensité du cosmos

Lorsque vous lisez un roman policier qui met en scène Sherlock Holmes, n'oubliez pas le point de vue du détective. Pour Sherlock, chaque cas n'est, finalement, qu'un parmi d'autres. Quant à sa méthode de déduction, elle tient tout entière dans ce précepte : « Éliminez tous les autres facteurs, et celui qui reste doit être la vérité », ainsi qu'il l'énonce dans *Le Signe des quatre*, *Le Diadème de béryls*, *L'École du prieuré* ou encore *Le Soldat blanchi*.

Les meilleurs astrophysiciens ne diffèrent guère des détectives de fiction : quand bien même les anomalies de l'univers constitueraient toutes des cas particuliers, la méthode pour les résoudre reste identique.

« Éliminez tous les autres facteurs », préconise Sherlock Holmes. Cela nous renvoie à un facteur qui concerne l'origine et la fonction possible de ʻOumuamua. Il n'a pas trait à ʻOumuamua lui-même mais à l'univers qu'il parcourt – un univers particulièrement vaste et âgé. Cette étendue et cet âge, justement, contiennent peut-être la clé pour comprendre un autre aspect mystérieux de ʻOumuamua.

majeur, sans équivalent dans les autres disciplines : la capacité de remonter dans le temps.

Parce que la lumière voyage à une vitesse limitée, plus loin dans l'espace nous regardons, plus loin dans le temps nous voyons. Et, comme l'univers connaît partout des conditions identiques, en scrutant l'univers profond nous pouvons voir notre propre passé.

Si l'on observe depuis la Terre une étoile située à quatre années-lumière, comme Proxima du Centaure, on la voit telle qu'elle était il y a quatre ans. Et lorsque nous braquons un télescope sur une galaxie située à 13 milliards d'années-lumière, sa lumière en est partie vers nous il y a 13 milliards d'années. Remonter ainsi vers l'« âge obscur » de l'univers, lorsque les nuages de gaz se constituaient pour livrer les premières étoiles, est une prouesse technologique. Mais cela nous oblige aussi à envisager les phénoménales échelles de temps de l'univers. Les êtres humains ont aujourd'hui une espérance de vie moyenne de soixante-treize ans. S'il avait fallu assister à l'allumage des premières étoiles de l'univers il y a 13 milliards d'années et être encore vivant aujourd'hui, nous aurions dû enchaîner près de 180 millions de vies – une idée bien sûr absurde, puisque la Terre elle-même n'est âgée que de 4,5 milliards d'années environ et que les premières traces de vie remontent sans doute à 3,8 milliards d'années seulement.

Scruter l'univers confronte aussi les astrophysiciens à l'immensité du cosmos. L'univers ressemble à une gigantesque fouille archéologique centrée sur nous. Plus loin nous regardons, plus anciennes sont les couches que nous découvrons. Cette vaste exposition de l'histoire du cosmos s'étend jusqu'à la frontière de la sphère visible autour de nous, qui représente le Big Bang et est située à 13,8 milliards d'années-lumière. Toute lumière située au-delà de cette frontière prend plus de temps pour nous parvenir que n'est vieux l'univers, et les régions du cosmos qui l'ont émise nous restent donc à jamais invisibles.

Il serait très présomptueux de notre part de penser que nous sommes, dans ce vaste univers, la seule forme d'intelligence. Bien que la vie telle que nous la connaissons (et telle que nous ne la connaissons pas) puisse exister sur de nombreuses autres planètes, il est fort probable que nous rencontrerons les reliques d'une technologie extraterrestre défunte avant d'établir un contact avec une civilisation actuellement existante. Nous devons avoir cela à l'esprit lorsque nous passons en revue les explications concernant les mystérieuses propriétés d'objets interstellaires comme 'Oumuamua.

Mes recherches sur les premiers jours du cosmos ont contribué à lancer un nouveau champ d'études, que l'on a coutume d'appeler « cosmologie sur vingt et un centimètres ». Il s'agit d'une branche de la radioastronomie qui cartographie l'univers en trois dimensions, sur la longueur d'onde de rayonnement des atomes d'hydrogène, qui vaut vingt et un centimètres au départ et se voit étirée par l'expansion de l'univers.

Vous vous souvenez peut-être que c'est cette même longueur d'onde qui est saturée par nos émissions de radio, de télévision, de téléphones portables et d'ordinateurs, de sorte que Matias Zaldarriaga et moi avions spéculé que d'autres civilisations extraterrestres pourraient également émettre des bruits parasites sur cette fréquence. Mais je m'intéressais initialement aux émissions sur vingt et un centimètres pour sonder une époque primitive où toute civilisation n'aurait pas encore eu le temps de naître.

À ce stade de ma carrière, je ne faisais pas la chasse aux extraterrestres : je traquais l'hydrogène.

À l'issue du Big Bang, l'hydrogène était de loin l'élément le plus abondant de l'univers, un univers primitif constitué à environ 92 % d'atomes d'hydrogène et à 8 % d'atomes d'hélium. Mais, à ce stade, l'hydrogène n'émettait aucun signal radio possiblement détectable aujourd'hui. En effet, dans la fournaise qui a suivi le Big Bang, la quasi-totalité de la matière ordinaire de l'univers, notamment l'hydrogène, se trouvait ionisée.

Un atome d'hydrogène neutre consiste en un proton et un électron. Toutefois, à de hautes températures, ou bien lorsqu'il est soumis à un intense rayonnement ultraviolet, le couple est brisé (on dit « ionisé ») : l'atome d'hydrogène expulse son électron et prend la forme d'un proton unique, de charge électrique positive. Cela modifie son comportement, et en particulier son rayonnement. Un électron au sein d'un atome d'hydrogène neutre peut osciller d'un niveau d'énergie à un autre, en émettant un photon au cours de l'opération, qui correspond à un rayonnement sur une longueur d'onde de vingt et un centimètres. Mais l'hydrogène ionisé ne le peut pas.

C'est environ trois cent quatre-vingt mille ans après le Big Bang que l'univers s'est suffisamment refroidi pour qu'électrons et protons se combinent de façon à constituer des atomes d'hydrogène neutre, et que nous commençons à détecter leur signature radio sur vingt et un centimètres. Durant des centaines de millions d'années, ces atomes d'hydrogène sont restés neutres, oscillant entre leurs deux niveaux d'énergie et émettant leur rayonnement caractéristique, jusqu'à ce qu'étoiles et galaxies commencent à se former – et que l'hydrogène en leur sein se trouve de nouveau ionisé.

En effet, les étoiles n'émettent pas que de la lumière visible ; elles émettent également des rayonnements ultraviolets, capables de scinder les atomes d'hydrogène en leurs protons et électrons constitutifs. Une longue période s'ensuivit, où les premières étoiles et trous noirs décomposèrent l'opaque brouillard d'hydrogène neutre en protons et électrons. L'arrêt des émissions sur vingt et un centimètres permet donc aux astrophysiciens de reconnaître cette étape importante de l'histoire de l'univers, lorsque les étoiles commencèrent à naître. Comme dans la célèbre histoire de Sherlock Holmes où le détective identifie le coupable d'un vol parce que le chien de garde n'a pas aboyé, on se fonde ici sur l'hydrogène qui n'a plus rayonné.

À l'heure où j'écris ces lignes, les astronomes sont à la recherche de données qui aideront à préciser quand, exactement, les étoiles ont commencé à briller. En Afrique du Sud, un réseau d'antennes radio, baptisé HERA (Hydrogen Epoch of Reionization Array), mesure actuellement les émissions sur vingt et un centimètres du jeune univers. Le télescope spatial Hubble a pour sa part récemment identifié une galaxie primitive dont les étoiles se sont allumées tout juste 380 millions d'années après le Big Bang. Quant au nouveau télescope spatial James Webb – pour lequel j'ai fait partie il y a quelques décennies du comité scientifique consultatif –, son lancement est prévu en 2021 : il sera capable de repérer des galaxies encore plus anciennes. Enfin, on attend beaucoup des télescopes géants en cours de développement : le télescope géant Magellan, d'une ouverture de 24 mètres ; le télescope de Trente Mètres ; et l'E-ELT (European Extremely Large Telescope), le futur grand télescope européen, de 39 mètres d'ouverture.

La récolte de données ne fait donc que commencer, et avec elle la mise à l'épreuve des théories qui visent à expliquer l'allumage des premières étoiles. La réponse, lorsque nous la connaîtrons, aura une pertinence immédiate quant à la question de savoir si des intelligences autres que la nôtre existent à travers le cosmos. Si 'Oumuamua relève d'une technologie extraterrestre, il est pratiquement certain que ses concepteurs ont également étudié l'histoire reculée de notre univers commun, et en ont tiré, comme nous cherchons à le faire, des informations à partir de l'hydrogène neutre et de l'hydrogène ionisé. Être assez curieux pour explorer l'espace, que ce soit la proche banlieue de notre système solaire ou l'espace interstellaire, c'est, par définition, être assez curieux pour étudier le cosmos : identifier ses propriétés et chercher à expliquer son passé et prédire son destin. Notre curiosité et notre attitude sont les meilleurs indicateurs de ce que pourraient être la curiosité et l'attitude d'une intelligence extraterrestre. On peut également penser que les découvertes scientifiques nous fourniront le langage commun dont nous aurons besoin pour comprendre une intelligence extraterrestre, et peut-être même communiquer avec elle. La science nous offre aussi le moyen de rendre intelligible, même fugacement, même partiellement, ce que nous découvrons. Si nous sommes capables de le faire, il y a fort à parier que d'autres intelligences, si tant est qu'elles existent, en sont capables également.

9. Une histoire de filtres

Si l'hypothèse de la photovoile est correcte, deux interprétations sont possibles. Soit les créateurs de 'Oumuamua ont délibérément visé notre système solaire interne, soit il s'agit juste d'un débris artificiel qui nous a croisés par hasard, ou que nous avons croisé. L'une comme l'autre de ces interprétations peut être exacte, que la civilisation à l'origine de 'Oumuamua existe encore ou non. Mais de ce que nous savons de l'univers et du comportement des civilisations nous pouvons tirer quelques déductions quant à la plus plausible de ces deux interprétations, et sur les implications qui en découlent, tant pour nous que pour les créateurs de 'Oumuamua.

L'hypothèse d'un débris artificiel est, d'un point de vue important, comparable à celle d'un astéroïde ou d'une comète interstellaire : elle implique que 'Oumuamua fait partie d'une population immense d'objets semblables. Par le jeu des probabilités, chaque étoile de notre Voie lactée devrait envoyer en moyenne un million de milliards de tels objets dans l'espace interstellaire pour que l'un d'entre eux nous croise juste au moment où nous sommes en âge de braquer nos télescopes vers le ciel. Cela correspond à un lancement toutes les cinq minutes depuis chaque système planétaire de notre galaxie, et cela implique en outre que toutes leurs civilisations existent depuis la naissance de la Voie lactée, il y a 13 milliards d'années, ce qui est évidemment impossible.

L'hypothèse que des civilisations extraterrestres puissent atteindre une telle production d'objets est encore plus déraisonnable, relèvent les critiques, que celle des débris naturels éjectés lors de la formation des planètes – pour laquelle, on l'a vu, les conditions à réunir étaient extrêmement nombreuses. Pour remplir la galaxie d'une telle densité d'objets artificiels, un grand nombre de civilisations devraient passer le plus clair de leur temps à les produire et les lancer. Cela étant, à partir du moment où l'on suppose que des intelligences extraterrestres sont à l'origine de tels lancements, on peut aussi abandonner la condition de départ : une distribution aléatoire des objets. Après tout, nous n'avons pas lancé nos cinq sondes interstellaires sur des trajectoires au hasard. Les responsables de mission ont programmé leur sortie du Système solaire de façon qu'elles prennent la direction d'étoiles proches, et nous pouvons présumer qu'une autre intelligence ferait de même.

Nous devrions aussi cesser de croire que les sondes interstellaires sont rares et coûteuses, comme le suggèrent nos cinq exemplaires lancés jusqu'à présent. Rapporté à ce score dérisoire à l'actif de l'humanité, l'abondance hypothétique postulée plus haut semble effectivement déraisonnable.

Le scénario devient un peu plus raisonnable si on rapproche cette hypothèse du taux de lancement de sondes StarChips envisageable dans le cadre du projet Starshot proposé à Iouri Milner par mes confrères et moi. Nous avons estimé que, une fois réalisés les investissements nécessaires pour développer un puissant laser et le placer en orbite, le coût d'envoi dans l'espace interstellaire de milliers, voire de millions de StarChips, par unité, chute de façon exponentielle.

L'abondance de vaisseaux interstellaires postulée par ce scénario semblera peut-être plus acceptable si nous reprenons l'exemple de la bouteille en plastique.

À l'heure actuelle, le réseau de surveillance de l'espace des États-Unis suit quelque 13 000 objets artificiels en orbite autour de la Terre. Tous les types d'objets sont concernés, de la Station spatiale internationale aux satellites défunts, du télescope spatial Hubble aux étages de fusées abandonnés et même les outils et boulons perdus par les astronautes lors de leurs sorties dans l'espace. Les satellites eux-mêmes représentent 2 500 objets, que nous avons mis cinquante-cinq ans à placer dans l'espace.

Durant ce bref intervalle de temps, les mises en orbite de satellites ont déjà causé un épineux problème de gestion des déchets. En 2009, par exemple, le satellite américain Iridium 33 est entré en collision au-dessus de la Sibérie avec le satellite russe Cosmos 2251, à la vitesse de 36 000 km/h. Un nuage de débris s'est répandu en orbite, qui accroît le risque de nouvelles collisions. Ce premier accident de circulation entre deux satellites souligne le danger d'une quantité toujours plus importante de déchets dans l'orbite terrestre.

La menace de collisions dans l'espace augmente en fait depuis plusieurs années, dans la mesure où les nations sont de plus en plus nombreuses à considérer l'orbite terrestre comme un nouveau champ de bataille. Il y a une dizaine d'années, la Chine a fait la démonstration de sa technologie de missile antisatellite en détruisant l'un de ses propres satellites en fin de vie, le satellite météo Fengyun-1C. L'Inde a réalisé un tir similaire en 2019, contribuant à hauteur de 400 nouveaux débris au dépotoir orbital. Conséquence directe, le risque d'un impact de débris contre la Station spatiale internationale a grimpé de 44 % les dix jours suivants. Pas étonnant que la Station ait été conçue pour pouvoir manœuvrer en cas de danger – à condition de bénéficier du préavis requis.

Ce que font les humains nous permet d'envisager ce que les autres civilisations sont capables de faire. Nous demeurons la meilleure base de données pour imaginer le comportement des autres civilisations et les conséquences de ce comportement. En gardant cela à l'esprit, une simulation sur ordinateur de l'évolution de la situation sur les deux cents prochaines années prévoit que le nombre de débris spatiaux de taille supérieure à vingt centimètres augmentera d'environ 50 % (soit un facteur de 1,5). Les déchets plus petits proliféreront plus rapidement encore, la simulation prévoyant que les objets de taille inférieure à dix centimètres verront leur nombre multiplié par un facteur compris entre 13 et 20.

Cette prolifération des déchets dans l'espace reflète tristement la situation sur Terre. En 2018, la Banque mondiale a publié un rapport intitulé « What a Waste 2.0[1] » où elle évalue à 2,01 milliards de tonnes la quantité de déchets solides produite dans le monde chaque année. Selon ses projections, ce chiffre pourrait atteindre 3,4 milliards de tonnes à l'horizon 2050. En 2017, l'Agence américaine de protection de l'environnement a estimé qu'un Américain moyen produisait, par jour, près de 2,5 kilogrammes de déchets, et les États-Unis sont loin d'être le plus grand pollueur. Si les États-Unis et la Chine sont les deux pays qui émettent le plus de gaz à effet de serre, ce sont les pays les plus pauvres qui produisent le plus de déchets solides, en raison de leur incapacité économique à les éliminer.

Du point de vue de la planète, quel pays produit quels déchets importe peu. La grande majorité finit quoi qu'il en soit dans les océans.

Une catégorie de déchets augmente particulièrement vite : ce qu'on appelle les « e-déchets » – ordinateurs et téléphones portables, ainsi que tous les autres appareils du même type remplacés par des modèles plus récents. En 2017, le rapport « Suivi des déchets d'équipements électriques et électroniques à l'échelle mondiale » des Nations unies estimait que le monde avait produit l'année précédente la bagatelle de 44,7 millions de tonnes de déchets électroniques ; il prévoyait que cette production atteindrait 52,2 millions de tonnes en 2021.

Ce comportement de notre civilisation nous offre ainsi, de nouveau, une donnée importante à méditer lorsque nous nous interrogeons sur l'origine de 'Oumuamua. Supposer que 'Oumuamua n'était pas une sonde en état de marche, ou même une balise inerte, mais une pièce d'équipement abandonnée c'est admettre qu'une autre civilisation s'est comportée de manière tout à fait familière : elle a, comme nous, été très prodigue dans sa production de matériaux, notamment technologiques, et elle n'a éprouvé aucun remords à les jeter lorsqu'ils étaient devenus obsolètes. Que nous n'en soyons pas encore au stade où nous abandonnons quantité d'objets dans l'espace interstellaire ne signifie pas que nos voisins cosmiques ne l'ont pas, quant à eux, déjà atteint.

Les déchets, tant solides que sous la forme de gaz à effet de serre, nous offrent également une analogie intéressante en ce qu'ils nous éclairent sur cette question : comment 'Oumuamua a-t-il pu se retrouver à la dérive dans la galaxie ? L'une des idées sur laquelle s'accordent les chercheurs dans ce domaine – des hommes comme Frank Drake, dont la célèbre équation quantifie nos chances de détecter l'émission radio d'une civilisation extraterrestre – est que la plupart des civilisations extraterrestres qui ont pu exister sont aujourd'hui défuntes.

Rappelons-nous en effet les réflexions d'Enrico Fermi, l'un des plus grands physiciens du XXe siècle. Il conçut notamment le premier réacteur nucléaire et, en tant qu'un des principaux acteurs du projet Manhattan qui mit au point la première bombe atomique, il pouvait se prévaloir d'avoir permis la fin rapide des hostilités entre le Japon et les États-Unis et la conclusion de la Seconde Guerre mondiale.

Vers la fin de sa carrière, lors d'un déjeuner avec ses confrères, Fermi lança une question simple et provocatrice : comment expliquer que, du fait de l'immensité de l'univers, la probabilité qu'existent des civilisations extraterrestres soit très élevée mais que celles-ci ne se soient pas encore manifestées ? Un paradoxe que Fermi résuma par une remarque devenue célèbre : « Où est tout le monde ? »

Au fil des années, de nombreuses réponses ont été suggérées. L'une d'elles est particulièrement pertinente dans la perspective de 'Oumuamua et tout ce que l'objet représente.

En 1998, l'économiste Robin Hanson publia un essai intitulé *The Great Filter – Are We Almost Past It ?* (« le grand filtre – allons-nous passer à travers ? »). D'après lui, une solution possible au paradoxe de Fermi est que les progrès d'une civilisation technologique mènent presque inévitablement, dans l'ensemble de l'univers, à sa propre destruction. Le moment où une civilisation atteint notre stade de développement technologique – cette fenêtre temporelle où elle peut signaler son existence au reste de l'univers et envoyer des sondes vers les étoiles – est également celui où sa maturité technologique devient suffisante pour son autodestruction, que ce soit au travers d'un changement climatique ou d'une guerre chimique, nucléaire ou biologique.

Cette expérience de pensée de Hanson est suffisamment sensée pour que l'humanité médite la question contenue dans le titre de son article : sommes-nous proches de notre propre filtre ?

L'ironie de l'histoire est qu'Enrico Fermi incarne peut-être la solution à son paradoxe, puisque si nous avons développé l'arme nucléaire il y a soixante-dix ans c'est notamment grâce à lui. Mais, même sans bombes atomiques, nous allons vers notre propre destruction au travers d'un changement irréversible du climat. Notre résistance aux antibiotiques, qui augmente constamment en raison de leur usage systématique dans l'agriculture et l'élevage, constitue également une menace. Tout comme les pandémies, exacerbées par nos agressions à un niveau industriel des écosystèmes naturels.

Si nous ne sommes pas vigilants, il est fort possible que les siècles à venir soient les derniers de la civilisation humaine. Si tel est le cas, les émissions qu'auront diffusées nos radios et nos télévisions – cette bulle de bruit que l'humanité émet dans le cosmos depuis un siècle seulement – et les cinq sondes interstellaires que nous y aurons pareillement lancées pourraient bien finir au même rang que les squelettes de dinosaures aujourd'hui sur Terre : les traces de quelque chose qui fut jadis extraordinaire et fabuleux, devenues simple matériau pour les archéologues de notre galaxie.

Nous n'avons pas à regarder très loin pour comprendre comment le grand filtre peut opérer. Le petit filtre de notre propre mortalité et le contexte historique récent nous éclairent déjà.

La famille de mon père était établie en Allemagne depuis sept cents ans. Mon grand-père Albert Loeb se battit vaillamment durant la Première Guerre mondiale et survécut à la bataille de Verdun en 1916. On estime que lors de cette seule bataille, la plus longue du conflit, il y eut 305 000 victimes, dont 143 000 côté allemand. Quant au nombre total de morts et de blessés graves durant la guerre, il est estimé entre 15 et 19 millions si l'on s'en tient aux seuls militaires, à près de 40 millions si on y ajoute les civils.

À l'issue du conflit, où il s'était distingué dans la cavalerie, mon grand-père reçut une médaille qui ne signifiait déjà plus grand-chose quinze ans plus tard. Lors d'une réunion publique tenue en 1933 dans le district de Netze-Waldeck, où vivait la famille de mon grand-père, un membre du parti nazi soutint haut et fort que les Juifs épuisaient les ressources de l'Allemagne. Mon grand-père se leva et rétorqua : « Comment osez-vous prononcer ces paroles alors qu'en tant que communiste vous avez personnellement évité la conscription militaire durant la Première Guerre mondiale tandis que j'étais moi au front ? » Ce à quoi l'orateur nazi répliqua : « Nous connaissons tous votre passé de patriote, Monsieur Loeb. Je parlais des autres Juifs. » On voyait déjà monter, en Allemagne comme dans une grande partie de l'Europe, la marée de l'antisémitisme virulent.

C'est après cet échange public que mon grand-père décida de quitter l'Allemagne. Il jeta sa médaille et, en 1936, émigra en Palestine, alors sous contrôle britannique et qui allait devenir l'État d'Israël. D'autres branches de la famille restèrent en Allemagne, pensant qu'elles pouvaient attendre de voir ce qui allait se passer, se persuadant qu'il leur serait toujours possible de prendre les derniers trains en partance. Hélas, ces trains menaient ailleurs, et les 64 membres restants de notre famille furent tués durant la Shoah.

J'ai conservé la montre de poche d'Albert, vieille d'un siècle, en mémoire de son courage et de son intégrité. Les mêmes initiales que les miennes y sont gravées, comme un rappel. La chaîne de causalité qui nous a menés ici est bien fragile.

Le mystère de 'Oumuamua s'est présenté peu après la mort de mon père, en janvier 2017, et s'est étoffé tandis que la santé de ma mère déclinait. Un cancer lui fut diagnostiqué durant l'été 2018, auquel elle succomba en janvier 2019.

Mon père, David, fut enterré dans ce même sol rouge où il avait planté des arbres toute sa vie, au voisinage de ces plantations qu'il avait arrosées tous les jours, près de la maison qu'il avait construite de ses propres mains où j'avais grandi, où il avait vécu entouré de ceux qu'il aimait et qui l'avaient aimé en retour, sous ce ciel bleu qu'en tant qu'astronome je scrute aujourd'hui. Ma mère, Sara, qui m'avait appris à réfléchir comme un philosophe et insufflé le pouvoir de l'esprit, cette mère avec laquelle je m'entretenais tous les jours durant ma vie d'adulte, fut enterrée auprès de mon père deux ans plus tard.

En astronomie, on apprend que la matière subit au fil du temps de nombreuses transformations. La matière dont nous sommes constitués a été créée au cœur d'une étoile massive qui a explosé. Cette matière s'est assemblée pour former la Terre qui nourrit les plantes qui nourrissent nos corps. Nous ne sommes donc rien d'autre que les formes éphémères constituées par quelques grains de matière lors d'un court moment de l'histoire du cosmos à la surface d'une planète parmi tant d'autres. Nous sommes insignifiants, non seulement parce que le cosmos est si vaste, mais parce que nous sommes si minuscules nous-mêmes. Chacun d'entre nous n'est qu'une structure transitoire et passagère, mémorisée dans l'esprit d'autres structures passagères. Et c'est tout.

La mort de mes parents me l'a bien fait comprendre, avec d'autres vérités fondamentales de la vie. Nous ne sommes sur la Terre que pour un bref instant et avons donc intérêt à prendre nos actions au sérieux. Restons honnêtes, authentiques et ambitieux. Que nos limites, y compris celle du temps qui nous est imparti, nous encouragent à l'humilité. Et que le petit filtre, qui correspond à la durée de notre propre vie, nous offre une perspective sobre et accessible pour réfléchir au grand filtre de Hanson, qui correspond à la fin de notre civilisation. Un manque d'attention, de soin et d'intelligence de la part des humains les a rendus bien trop enclins à accepter la mort de leurs congénères.

De toutes les leçons que nous pouvons apprendre de 'Oumuamua, la plus importante est peut-être que nous ne devons pas laisser le petit filtre de la guerre et de la dégradation de notre environnement devenir le grand filtre de Hanson. Nous devons accorder plus d'attention, de soin et d'intelligence à la préservation de notre civilisation. C'est la seule façon d'assurer notre survie.

Durant mon service militaire, on nous avait appris une expression lors des entraînements d'infanterie : « mettre son corps sur les barbelés ». Dans des circonstances extraordinaires, un soldat doit être prêt à se coucher sur les barbelés, offrant un pont à ses compagnons d'armes. Mon expérience de vie n'a rien d'héroïque et je ne peux la comparer à un tel sacrifice. Mais cette image est pour moi une source d'inspiration, à l'heure où nous prenons conscience du spectre du grand filtre et de l'ombre de tous ceux qui nous ont précédés et qui, à leur manière, ont accompli des sacrifices pour faire avancer la cause de l'humanité.

Il y a une chose dont je suis certain : le fil fragile qui relie entre elles la civilisation terrestre de l'humanité d'aujourd'hui et la promesse d'une civilisation interstellaire de l'humanité telle qu'elle pourrait exister demain ne résistera pas si nous nous complaisons dans une prudence conservatrice. Selon Rabbi Nahman de Bratslav, « le monde entier est un pont très étroit, et l'essentiel est de ne pas avoir peur du tout ».

Le 1er septembre 1939, trois ans après que mon grand-père visionnaire eut quitté l'Allemagne nazie, l'armée allemande envahissait la Pologne et la plus grande partie de la planète se trouvait en guerre. Huit mois plus tard, Winston Churchill prenait ses fonctions de Premier ministre du Royaume-Uni, non sans avoir, à maintes reprises, alerté son pays et le monde de la menace que représentaient Adolf Hitler et une Allemagne surmilitarisée.

Churchill continua de se livrer à son passe-temps favori : l'écriture. En dix ans, il écrivit entre autres une biographie en quatre volumes du premier duc de Marlborough et de nombreux articles d'opinion pour les journaux et les magazines. L'un de ses thèmes favoris était la science – Churchill fut d'ailleurs le premier chef de gouvernement britannique à engager un consultant scientifique civil –, et ses essais de vulgarisation scientifique portent sur tous les sujets, de l'évolution à la fusion nucléaire et aux extraterrestres.

En 1939, alors que le monde s'effondrait autour de lui, Churchill écrivit un article intitulé « Sommes-nous seuls dans l'espace ? ». Il ne le publia pas à l'époque, et le cours des événements qui le plaça à la tête du gouvernement le força à remiser cet article pendant plus de dix ans. À l'issue de la guerre, alors qu'il se trouvait écarté de la scène politique, Churchill put retoucher son texte. Mais il ne fut toujours pas publié et, après la mort du chef d'État, atterrit dans les archives du Musée national Churchill des États-Unis, où il demeura incognito jusqu'à sa redécouverte en 2016.

Il est regrettable que cet article inhabituel n'ait jamais été publié, car il contenait des idées en avance sur leur temps et offrait une perspective bien utile à l'époque, comme elle l'est aujourd'hui. Churchill affichait la modestie du vulgarisateur en se demandant dans quelle mesure étaient uniques le Soleil et son système de planètes, affirmant : « Je ne suis pas assez prétentieux pour croire que mon soleil est le seul à posséder un cortège de planètes[2]. » Churchill était également fort avisé, concluant, un demi-siècle avant la découverte des premières exoplanètes, qu'il était raisonnable de penser qu'un grand nombre de planètes existaient « à la distance adéquate de leur étoile mère pour maintenir une température convenable », possédaient une atmosphère et de l'eau liquide, et pouvaient donc abriter la vie. Vu l'immensité du cosmos et le nombre de soleils qu'il contient, poursuivait-il, « les probabilités sont immenses qu'il en existe un nombre considérable qui possèdent des planètes dont les conditions seraient telles que la vie n'y serait pas impossible ». Et, bien que sceptique quant aux voyages interstellaires, Churchill concédait que, « dans un avenir pas si éloigné, il pourrait être possible de se rendre sur la Lune, voire sur Vénus ou sur Mars ».

La note la plus pessimiste de l'article ne concernait ni l'éventualité d'une vie extraterrestre dans l'univers ni même notre capacité à atteindre d'autres planètes, mais plutôt l'humanité elle-même. « Je ne suis pas à ce point impressionné par la réussite de notre civilisation ici-bas », écrivait Churchill, « pour croire que nous sommes le seul endroit dans l'immensité de l'univers qui contienne des êtres vivants et conscients, ou que nous sommes la forme de vie la plus développée, physiquement et mentalement, qui soit jamais apparue dans cette vaste étendue d'espace et de temps ».

Lorsque j'ai entendu parler de cet essai de Churchill pour la première fois, il y a quelques années, je n'ai pu m'empêcher de me livrer à une expérience de pensée. Le coût de la guerre planétaire qui s'est déclarée peu après que Churchill a écrit son texte est estimé à 1,3 milliard de milliards de dollars de l'époque, l'équivalent de 18 milliards de milliards de dollars d'aujourd'hui. Nous ne possédons aucune donnée fiable quant au nombre total de victimes – les spécialistes se disputent sur le nombre de morts devant être directement attribués à la guerre –, mais les chiffres sont compris entre 40 et 100 millions.

Que se serait-il passé si, dans les années 1940, l'humanité avait dépensé ces 1,3 milliard de milliards de dollars – sans parler du talent, de l'expertise, de la force de travail et de l'esprit de ces 40 à 100 millions de personnes – à explorer l'univers ? Si le génie collectif de cette époque ne s'était pas consacré à l'autodestruction, efforts dont l'apogée fut le développement de l'arsenal nucléaire, mais à faire rayonner la vie humaine à travers le Système solaire et au-delà ? Que se serait-il passé si la civilisation humaine avait compris, par humilité et en appliquant la méthode scientifique, que sa propre existence rendait probable celle d'autres civilisations dans l'univers ? Et si, en 1939 et dans la décennie suivante, l'humanité s'était orientée vers l'exploration de l'espace et la découverte d'une vie extraterrestre plutôt que vers la destruction à grande échelle de la vie sur Terre ?

Si le multivers existe, et contient une telle version alternative de l'histoire de la civilisation humaine, je suis certain que cette autre forme de nous-mêmes aurait au minimum photographié ‘Oumuamua, et l'aurait peut-être même capturé pour l'examiner en détail. Peut-être ne se serait-elle même pas étonnée de ce qu'elle aurait trouvé, car sur cette autre Terre l'Initiative Breakthrough aurait débuté plusieurs décennies auparavant, et les chercheurs disposeraient déjà de l'information renvoyée par les sondes à photovoile lors de leur passage au large de Proxima du Centaure. Ils travailleraient certainement déjà sur une solution pour garantir la continuité de la vie terrestre après la mort inévitable du Soleil. Je soupçonne aussi qu'il y aurait moins d'ordures sur leurs plages.

Je pense qu'il existe une similitude, au moins, entre cette Terre et la nôtre. Je parie que leurs historiens estimeraient que la génération des années 1940, celle qui mit tout en mouvement, fut charnière dans le cours de l'histoire.

Mais c'est hélas sur cette planète-ci que nous vivons, avec pour tâche de sauver du désastre la civilisation humaine. Quelles que soient les expériences de pensée élaborées par les théoriciens du multivers, la plus utile, je pense, est la suivante : qu'allons-nous faire à notre portée en tant que résidents de cet univers-ci ?

En écrivant ces lignes, je pense à l'arbre que j'aperçois depuis la fenêtre de ma salle de séjour. Notre civilisation va-t-elle ligaturer la branche endommagée pour lui permettre de guérir et de croître ? Ou va-t-elle l'ignorer ou la couper, mettant fin à toute une branche du possible ?

Quel que soit notre choix, nous spéculons sur la vie des enfants de nos enfants. Si, lorsque nous observons les données insolites de 'Oumuamua, nous considérons les seules hypothèses naturelles et statistiquement improbables – et demeurons incapables d'accepter, comme Sherlock Holmes, l'explication la plus simple –, nous retardons le prochain bond en avant de notre civilisation. Nous prenons le risque de tomber dans le précipice : une civilisation de plus à passer à la trappe, et qui peut-être ne laissera même pas, comme cartes de visite, des balises dans le cosmos.

10. L'astro-archéologie

Si nous concluons qu'au fil de la très longue histoire du cosmos les civilisations ne font qu'apparaître un bref instant avant de disparaître, cela constituerait un sombre avertissement pour la nôtre.

Et cela ouvrirait aussi une opportunité.

En tant que chercheurs et en tant qu'espèce humaine, nous pourrions affiner notre travail de détective et chercher les traces de ces civilisations disparues. Même une découverte par accident représenterait pour nous une leçon majeure : nous devons agir ensemble pour éviter un sort comparable.

Ce message pourrait bien être celui envoyé par 'Oumuamua – telle une bouteille à la mer –, que nous refusons obstinément d'entendre. Pour en prendre conscience, il faut, à mon avis, considérer l'astronomie non comme une simple étude de la matière du cosmos mais comme une enquête interdisciplinaire.

Nous avons grandement besoin d'une nouvelle branche de l'astronomie, que je propose d'appeler l'*astro-archéologie*. De même que les archéologues effectuent des fouilles pour mieux comprendre, par exemple, la civilisation maya, les astronomes doivent commencer à fouiller l'espace à la recherche de civilisations technologiques disparues.

Leurs découvertes ont toutes les chances d'être captivantes mais, si de telles recherches méritent d'être prises au sérieux, c'est pour une raison plus pressante encore. Elles pourraient bien livrer des indices qui orienteraient notre attention vers de nouvelles directions, tant scientifiques que culturelles – et qui permettraient peut-être à notre civilisation d'être l'une des rares à passer à travers le grand filtre.

N'oublions pas que l'une des limites majeures de l'équation de Drake – cette formule qui sert de base aux discussions sur les probabilités d'intelligences extraterrestres – réside dans sa focalisation exclusive sur les signaux radioélectriques, un seul type de traces parmi tous ceux laissés potentiellement par une civilisation extraterrestre. Frank Drake définit la première variable de son équation, *N*, comme le nombre de civilisations dans notre galaxie dont nous pourrions intercepter les télécommunications spatiales ; et son équation inclut aussi une dernière variable, *L*, qui est la durée pendant laquelle ces civilisations émettent effectivement des signaux. En fait, l'équation de Drake est bornée par la présomption que les efforts intentionnels de télécommunication radio constituent pour une civilisation la seule façon de se rendre détectable.

Il y a pourtant bien d'autres manières pour des civilisations extraterrestres de trahir involontairement leur existence et, à mesure que nous découvrons de nouvelles technologies, le nombre de pistes pour les repérer ne fait que croître. Comment élargir nos recherches ? Pour le dire autrement : que devrions-nous rechercher, et où ?

Élargir nos recherches est, il me semble, relativement simple. Nous savons que de nombreuses formes de vie sont identifiables grâce à leurs biosignatures : des indices qui trahissent leur présence, par exemple la prolifération d'algues à la surface des océans visible depuis l'espace ou les déséquilibres chimiques que la vie engendre dans l'atmosphère. Ainsi, en plus de chercher des traces technologiques d'intelligences extraterrestres, nous pouvons chercher des traces de formes de vie moins avancées, tels les microbes, vivants ou non.

Cette approche nous mène à une autre question, plus pointue : quelle forme de vie, avancée ou primitive, devrions-nous chercher ? Dans un article écrit avec mon post-doctorant Manasvi Lingam, nous avons estimé la probabilité de repérer une vie extraterrestre primitive, plutôt qu'intelligente, au moyen des télescopes actuellement à notre disposition (nous avons inclus le télescope spatial James Webb, successeur du télescope spatial Hubble). Notre idée centrale était de déterminer quelle part de nos efforts d'astro-archéologie devait être consacrée à la recherche de biosignatures et quelle part à la recherche de signatures technologiques. Cet exercice m'a aidé à mieux cerner la réponse à la question soulevée plus haut : que devrions-nous rechercher ?

Cette étude nous a conduit à explorer certaines variables encore très incertaines, relevant parfois de la pure intuition. Par exemple, nous devions estimer combien plus rare était la vie intelligente par rapport à la vie microbienne, ou jusqu'à quelle distance il était possible de détecter une signature technologique comparée à une biosignature, et combien de temps chacune d'elles restait décelable. Les variables que nous choisissions reflétaient par ailleurs nos préoccupations quant au grand filtre, avec notamment une estimation optimiste quant à la durée de vie d'une intelligence extraterrestre technologique – nous l'avons fixée à un millénaire.

Mon expérience me l'a appris, l'optimisme est une condition préalable à la recherche scientifique ; dans ce cas précis, nous l'avons même intégré à nos équations. À plus d'un titre d'ailleurs, plus pessimiste vous êtes, moins de chances vous avez de découvrir une intelligence extraterrestre. En outre, dans le scénario que je viens de décrire, nous devons deviner à la fois le temps durant lequel une intelligence peut être repérée et une autre variable, associée : la durée pendant laquelle *notre* intelligence se trouve là pour la repérer.

Cela dit, reconnaissons que la découverte d'une vie primitive et microbienne ou celle d'une vie extraterrestre douée d'intelligence seraient bien différentes. Chacune changerait fondamentalement la vision que l'humanité a d'elle-même, mais bien plus important serait l'impact de la découverte d'une civilisation technologique. Apprendre que d'autres civilisations intelligentes, peut-être plus avancées que la nôtre, existent aujourd'hui ou nous ont précédés nous forcerait à adopter une attitude plus humble vis-à-vis de l'univers et de ce que nous avons nous-mêmes accompli.

Au bout du compte, Manasvi Lingam et moi avons conclu que la probabilité de découvrir une vie intelligente était approximativement cent fois moins élevée que celle de découvrir une vie primitive. Nous avons aussi conclu que ces deux campagnes de recherche méritaient d'être menées conjointement, avec certes beaucoup plus de ressources accordées à la recherche d'une vie primitive, sans doute plus répandue. Cela étant, repérer une forme de vie intelligente augmenterait considérablement les perspectives de découverte d'une vie microbienne.

Finalement, que devons-nous rechercher ? La vie, tout simplement. Il faut juste nous préparer à tomber sur l'une ou l'autre de ses formes.

Et où devrions-nous chercher ? Répondre à cette question est plus délicat et plus compliqué, mais le raisonnement nous est aussi plus familier. Il peut en effet s'appuyer sur l'abiogenèse terrestre : l'origine de la vie sur notre propre planète.

Les recherches sur l'origine de la vie sont balbutiantes. Même si nous progressons sur le cas particulier de l'abiogenèse terrestre, nos connaissances se réduisent à un îlot dans un océan d'ignorance. Des raisons existent pourtant d'être prudemment optimiste quant aux progrès à venir.

Alors que j'écris ces lignes, nous ne sommes pas loin de comprendre comment les premières cellules – ces unités fondamentales de la matière vivante – ont développé leurs fonctions de métabolisme et de reproduction, et d'expliquer comment les précurseurs des biomolécules, comme les protéines et les glucides, sont apparus et se sont assemblés en premier lieu. Et même si nous ne savons pas si la vie extraterrestre utiliserait les mêmes « briques » que celles qui ont donné naissance à la vie terrestre, nous sommes plus équipés pour estimer les probabilités d'abiogenèse ailleurs dans l'univers à mesure que nous comprenons mieux comment la vie est née ici.

Dans cette recherche d'une vie extraterrestre, aucune question n'est plus importante que celle de savoir si la vie répond à une logique déterministe, donc probable, ou si elle répond à une suite d'événements aléatoires, largement improbables. En d'autres termes, les mêmes conditions élémentaires conduisent-elles toujours à la vie ? Ou l'apparition de la vie sur Terre est-elle un phénomène accidentel, qui a peu de chances de se reproduire ?

De nombreux axes de recherche font progresser ces questions sur tous les fronts. Au fur et à mesure, un point devient évident : l'unique et importante source de données à laquelle nous avons accès, à savoir la vie terrestre, se révèle incroyablement féconde. Les facteurs qui ont permis à la vie de naître sur Terre, et notamment la distance de notre planète au Soleil, n'ont pas limité la vie à des micro-organismes rassemblés autour de cheminées hydrothermales sur le plancher des océans. Au contraire, ils ont permis l'éclosion de formes de vie à la fois abondantes, très diverses et d'une grande complexité, y compris les règnes animal et végétal. Croire qu'une vie aussi complexe serait restreinte à une petite bille bleue perdue dans l'immensité du cosmos serait le comble de la vanité.

La très grande majorité des formes de vie sur Terre dépendent du Soleil. On comprend que les hommes l'aient toujours vénéré, depuis l'aube de la civilisation jusqu'à votre dernier bain de soleil sur une plage. Nous sommes littéralement de la poussière d'étoile : la matière dont nous sommes constitués a été produite lors de l'explosion d'une étoile, puis impliquée dans la création d'une série de planètes, y compris la Terre, où elle est devenue le matériau de toutes les formes vivantes, y compris vous et moi. Sans la lumière et la chaleur du Soleil, il n'y aurait pas de plantes, pas d'oxygène, pas de vie complexe telle que nous la connaissons.

Il n'est pas exagéré d'affirmer que la majorité des formes de vie multicellulaires sur Terre sont directement ou indirectement tributaires du Soleil. Qu'en déduire concernant la recherche d'une vie extraterrestre ? Comment exploiter cette certitude que le Soleil a favorisé cette vie consciente et intellectuelle qui est la nôtre dans la recherche d'une vie ailleurs dans l'univers ?

Savoir si le Soleil est normal ou anormal nous permettrait de saisir dans quelle mesure la vie qu'il nourrit est elle-même normale ou anormale. Si le Soleil est un astre typique à tous égards, la présence d'une vie consciente dans sa proche banlieue pourrait être considérée comme un événement exceptionnellement rare, et notre existence le résultat du hasard. Mais si le Soleil est atypique par certains aspects, ces caractéristiques atypiques pourraient se révéler indispensables à la vie, et notre existence serait du coup moins dépendante du hasard, et moins unique. Cela rendrait aussi la recherche de la vie extraterrestre moins aléatoire, car nous la rechercherions en priorité autour d'étoiles semblables à la nôtre.

Il se trouve que le système Terre-Soleil est atypique de deux points de vue. Tout d'abord, la masse du Soleil – qui vaut 330 000 fois celle de la Terre – est supérieure à celle de 95 % de toutes les étoiles connues. Et même si cela ne doit pas nous décourager de chercher la vie sur des planètes en orbite autour d'étoiles qui seraient plus ordinaires d'un point de vue statistique, dans la mesure où nos ressources sont limitées en temps et en argent, cela nous encourage à focaliser nos recherches sur des étoiles particulièrement massives, à l'instar de la nôtre.

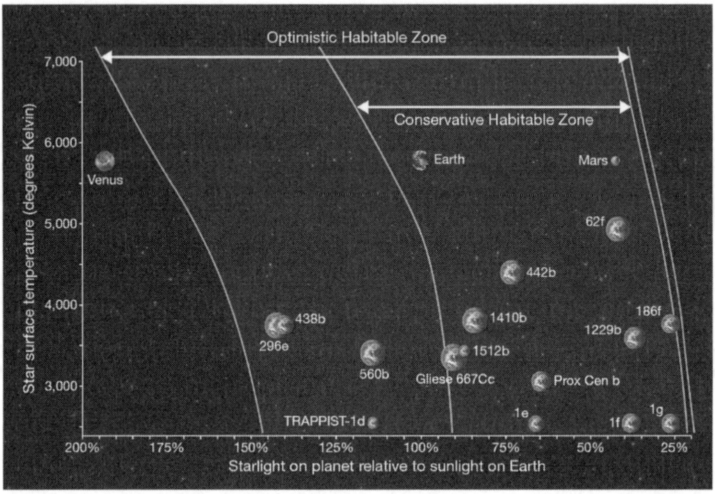

Fig. 10.1 : L'étendue des zones d'habitabilité autour d'étoiles affichant différentes températures de surface (sur l'axe vertical), depuis les abondantes étoiles naines, telle Proxima du Centaure, jusqu'aux rares géantes rouges, comme Êta de la Carène. L'axe horizontal représente le flux de lumière atteignant la surface de la planète par rapport au flux qui atteint la Terre. Certaines exoplanètes sont indiquées, comme la plus proche planète habitable hors du Système solaire, Proxima b, en bas à droite. (Crédit : Chester Harman.)

Les caractéristiques du Soleil nous incitent donc à diriger notre quête d'une vie extraterrestre vers des étoiles similaires à la nôtre, du moins au départ. Ensuite, les caractéristiques de la Terre guident également nos recherches, en particulier quant aux planètes à étudier en priorité.

Grâce aux données fournies par la Terre, seule planète de notre connaissance à posséder une biosphère dense et complexe, nous pouvons dresser la liste des caractéristiques à rechercher sur les autres planètes. La plus importante de ces caractéristiques, si l'on se réfère à la Terre, est la présence d'eau liquide.

L'eau liquide, souvent appelée le solvant universel, est parfaite pour transporter de l'énergie vers l'intérieur d'une cellule et en faire sortir les déchets : à notre connaissance, aucune forme de vie sur Terre ne peut exister sans elle. Elle est en fait si importante pour la vie que les astronomes l'utilisent pour définir la zone d'habitabilité autour de chaque étoile : la fourchette de distances à celle-ci où les planètes peuvent abriter la vie. Identifier les planètes présentes dans cette zone idéale, où l'eau ne gèle ni ne s'évapore, est la première étape des astro-archéologues dans leur quête de civilisations extraterrestres.

Or l'univers nous offre à foison de tels mondes à explorer.

Au cours des deux dernières décennies, nous avons appris que notre galaxie contenait une grande quantité d'exoplanètes (le terme scientifique pour désigner les planètes en dehors de notre système solaire). Cette vague de découvertes a débuté en 1995, lorsque les astronomes Michel Mayor et Didier Queloz ont été les premiers à trouver les preuves d'une exoplanète en se basant sur les oscillations de l'étoile qu'elle tiraille : baptisée 51 Pegasi b, elle est comparable en taille à Jupiter et circule en orbite serrée autour d'une étoile de type solaire. Cette découverte a lancé la chasse aux exoplanètes, et a valu aux deux astronomes le prix Nobel en 2019.

Le concept de base de la recherche des exoplanètes n'était, en fait, pas nouveau : il avait été proposé quarante ans auparavant par l'astronome Otto Struve qui pensait qu'il fallait d'abord cibler les grosses planètes gazeuses circulant très près de leur étoile, dont elles feraient le tour en quelques jours seulement. L'existence de telles planètes, spécula Struve dans un article publié en 1952, était suggérée par le fait que certaines étoiles vivent en couple – ce sont des étoiles binaires – et circulent autour d'un centre de gravité commun. De même, de grosses exoplanètes devraient être relativement faciles à détecter grâce à la forte attraction gravitationnelle qu'elles exercent sur leur étoile ou à l'occultation périodique de sa lumière lorsqu'elles passent devant elle.

L'article de Struve fut hélas ignoré, de même que sa proposition de rechercher de grosses planètes de type Jupiter proches de leur étoile. Les scientifiques qui siégeaient à l'époque dans les comités attribuant les temps d'observation des grands télescopes affirmèrent que l'on avait bien compris pourquoi Jupiter circulait à grande distance du Soleil : pourquoi gâcher du temps d'observation à chercher des planètes géantes plus proches de leur étoile ? Ce préjugé a fait perdre plusieurs décennies à cette branche de la science.

Une fois les exoplanètes devenues légitimes, leur découverte a connu une forte accélération. Une décennie à peine après 51 Pegasi b, des centaines d'autres exoplanètes avaient été identifiées. Et, grâce notamment à la mise en service en 2009 du télescope spatial Kepler de la NASA, dédié à la découverte des exoplanètes, leur nombre a atteint 4 284 en 2020, et des milliers de candidates supplémentaires attendent d'être confirmées. Qui plus est, nous estimons aujourd'hui que près du quart de toutes les étoiles possèdent des planètes de la taille de la Terre avec une température de surface comparable, de sorte qu'elles peuvent abriter de l'eau liquide, ainsi que les molécules constituantes de la vie.

Cette abondance d'exoplanètes sur lesquelles nous pouvons focaliser nos instruments de mesure me rappelle une tradition lors de la Pâque juive – le Séder de Pessah –, lorsque l'on cache un morceau d'afikomane, le pain matza réservé au dessert : les enfants doivent le découvrir, et celui qui le trouve reçoit une récompense.

La leçon que j'ai tirée, enfant, de ce jeu – et que, adulte, je garde à l'esprit dans cette nouvelle branche de recherche qu'est l'astro-archéologie – est : mieux vaut se demander « où chercher ? » que « que cherchons-nous ? ». Mes sœurs et moi avons rapidement compris qu'il faut prioritairement fouiller les endroits où l'afikomane a été caché les années précédentes.

Aujourd'hui, cette stratégie doit servir dans la quête d'une vie extraterrestre. La plupart de nos télescopes et autres instruments d'observation recherchent des indices de vie sur des planètes rocheuses qui partagent des caractéristiques – telle l'eau liquide – avec la seule planète où la vie a déjà été trouvé, la Terre.

Mais doit-on se limiter à elles ? D'autres endroits ne pourraient-ils être explorés autour des étoiles ?

On peut élargir le champ des recherches. Explorant cette question plus avant avec mon ancien post-doctorant Manasvi Lingam, nous avons proposé un autre lieu prometteur : l'atmosphère d'astres particuliers qu'on appelle des naines brunes.

Les naines brunes sont des « étoiles ratées » : leur masse est inférieure à 7 % de la masse du Soleil, masse insuffisante pour déclencher les réactions nucléaires responsables chez les autres étoiles de la brillance et de la chaleur. Leurs gaz peuvent donc demeurer à des températures comparables à celles des planètes. Et, dans les nuages de poussière autour d'une naine brune, les particules solides seraient susceptibles de s'entourer d'une fine pellicule d'eau liquide.

Et pourquoi s'arrêter aux naines brunes ? Nous devrions aussi nous intéresser aux naines vertes : des étoiles naines qui montrent une forte réflectance dans le proche infrarouge, phénomène que l'on observe notamment chez les plantes chlorophylliennes. De telles naines vertes en orbite autour d'étoiles semblables au Soleil, qui réfléchiraient une lumière riche en infrarouge, pourraient jouer le rôle de l'afikomane caché dans notre quête d'une vie extraterrestre.

Naines vertes, naines brunes, exoplanètes en orbite dans la zone habitable de leur étoile : autant de candidats pour les astro-archéologues, et la liste ne s'arrête pas là, surtout si l'on postule que les civilisations en question sont bien plus avancées que la nôtre. À ce stade des recherches toutefois, alors que notre quête d'une vie extraterrestre, tant au niveau des théories que des instruments d'observation, n'en est qu'à ses balbutiements, cette première liste suffit amplement – en dehors de notre système solaire, en tout cas.

Il ne faut pas oublier, en effet, que si nous scrutons les espaces interstellaires à la recherche de la vie, nous n'avons pas épuisé les possibilités du Système solaire. Les astro-archéologues devraient aussi s'intéresser à notre propre banlieue.

Nous pourrions commencer par chercher du matériel technologique à la dérive autour du Soleil. Tout comme nous avons repéré 'Oumuamua, nous pourrions y découvrir d'autres objets artificiels en provenance d'autres étoiles. Pendant les premières décennies de notre propre conquête spatiale, nous avons envoyé deux sondes, Voyager 1 et Voyager 2, hors du Système solaire. Qui sait combien de sondes de ce type peuvent avoir lancé d'autres civilisations avancées ?

La manière la plus simple de détecter des objets extraterrestres à la dérive est de les chercher à la lumière du plus puissant et plus proche réverbère disponible, à savoir le Soleil. Tout comme ce fut le cas avec 'Oumuamua, la lumière solaire, en même temps qu'elle les rend visibles, nous procure de précieuses informations quant à leur forme et leurs mouvements. Toute aide en la matière est précieuse, car nos instruments pour détecter des objets comme 'Oumuamua sont encore très primitifs.

Comme je l'ai expliqué au début de ce livre, c'est accidentellement que les télescopes ont découvert 'Oumuamua : ils avaient été conçus, construits et déployés dans d'autres buts. Nos premiers astro-archéologues vont donc devoir adapter des instruments déjà existants à leurs besoins, au moins jusqu'à ce que notre monde leur fournisse des instruments spécialement mis au point pour leurs recherches.

Entre-temps, peut-être la façon la plus simple pour nous de repérer des objets technologiques extraterrestres dans notre système solaire – voire de mettre la main dessus – serait-elle de les détecter quand ils sont sur le point de percuter la Terre. Il faudrait pour cela trouver le moyen de surveiller l'atmosphère terrestre à l'affût de météores artificiels. Si l'objet possède une taille de plusieurs mètres, il laissera un résidu, lequel, si nous parvenions à le localiser, pourrait constituer la première preuve tangible d'une technologie extraterrestre.

Nous pouvons aussi ausculter les surfaces de la Lune et de Mars à la recherche de débris technologiques extraterrestres. La Lune (qui n'a pas d'atmosphère et pratiquement plus d'activité géologique) peut être apparentée, au choix, à un musée, une boîte aux lettres, voire une benne à ordures, mais une chose est certaine : elle conserve la trace de tous les objets qui se sont écrasés à sa surface au cours des derniers milliards d'années. Si nous ne nous donnons pas la peine de vérifier, nous ne saurons jamais si elle abrite l'équivalent d'une statue, d'une lettre, d'un déchet, ou rien du tout.

Nous ne devrions pas non plus nous limiter à la surface des planètes. Jupiter, par exemple, pourrait servir de grand filet cosmique pour attraper les objets qui passent dans son voisinage. Parce qu'ils portent des œillères, les chercheurs s'attendent à découvrir dans l'espace uniquement des objets naturels, rocheux ou glacés, tels des astéroïdes ou des comètes. Et c'est sans doute très largement ce que l'on trouvera. Mais ce n'est peut-être pas tout.

Étant donné l'importance que revêtirait la découverte d'un objet technologique, nous devrions au moins faire l'effort. Certes, une telle recherche serait beaucoup plus coûteuse et son succès beaucoup plus aléatoire que dans le cas de reconnaissances classiques, mais il ne faut pas perdre de vue la balade en famille sur la plage à la recherche de coquillages. Peut-être nos futurs astro-archéologues découvriront-ils l'équivalent d'une bouteille en plastique jetée par une civilisation extraterrestre.

Le plus grand nombre d'outils nous fournirons à nos astro-archéologues, le plus largement ils pourront étendre leur quête. Comme je l'ai postulé avec Ed Turner, il est possible de se poster à la frontière de notre système solaire pour chercher dans le cosmos la lumière artificielle émise par de lointaines agglomérations extraterrestres, ou peut-être des vaisseaux spatiaux. Une lumière artificielle se distingue de la simple lumière solaire réfléchie par la manière dont elle baisse d'intensité à mesure qu'elle s'éloigne de nous. Une source qui produit sa propre lumière, comme une ampoule, voit sa luminosité baisser en fonction du carré de la distance, alors qu'un objet qui ne fait que réfléchir la lumière solaire voit sa luminosité chuter proportionnellement à la distance élevée à la puissance quatre.

Un groupe d'instruments de pointe serait très utile aux astro-archéologues : celui qui équipe l'observatoire Vera C. Rubin. Ce télescope réflecteur à très grand champ doit commencer son étude du ciel en 2022. Il s'appliquera à cartographier la Voie lactée ainsi qu'à mesurer les effets de micro-lentilles gravitationnelles, qui pourraient nous informer sur la matière noire et l'énergie sombre, mais on s'attend aussi à ce que, grâce à lui, le nombre d'objets recensés dans notre système solaire soit multiplié de dix à cent fois. Cet observatoire Vera C. Rubin est bien plus sensible que tous les autres télescopes ayant servi jusqu'à présent à recenser les objets célestes, y compris Pan-STARRS qui fut à l'origine, comme on le sait, de la découverte de 'Oumuamua.

Capables de regarder de plus en plus loin au-delà de notre système solaire, nous devrions chercher des lumières artificielles ou une redistribution anormale de chaleur à la surface des exoplanètes. En nous libérant des contraintes de l'équation de Drake, nous pourrions partir en quête de technosignatures autres que de simples signaux radio. Pour illustrer ce propos, prenons l'exemple d'une exoplanète qui figure déjà dans notre ligne de mire.

La planète Proxima b circule dans la zone habitable de son étoile Proxima du Centaure – l'étoile la plus proche du Soleil – et, par effet de marée, lui présente toujours la même face. Lorsque mes collègues et moi avons commencé à travailler sur notre projet Starshot, Proxima b était l'exoplanète que nous avions choisie comme cible pour nos sondes à photovoile. Comme cette planète montre toujours la même face à son étoile, on se souvient que ma fille avait commenté qu'il lui faudrait deux maisons : une sur son côté éclairé, où il fait toujours chaud, et l'autre sur son côté obscur, où le froid règne en permanence.

Une civilisation avancée trouverait peut-être une solution technologique plus sophistiquée. Comme je l'ai suggéré dans un article co-écrit avec Manasvi Lingam, les habitants de la planète pourraient couvrir le côté éclairé de cellules photovoltaïques qui produiraient assez d'électricité pour illuminer et chauffer la face obscure. Si nous braquions nos instruments sur une telle planète, les niveaux variables de lumière, lorsqu'elle fait le tour de son étoile, trahiraient une telle réalisation technologique, sans compter que les cellules photoélectriques, côté jour, réfléchiraient la lumière de l'étoile avec un spectre de couleur particulier. Détecter un tel phénomène technologique est possible uniquement en observant la luminosité et la couleur de la planète dans sa ronde autour de son étoile.

Il s'agit là d'un exemple parmi d'autres des indices que les astro-archéologues pourraient rechercher avec leurs instruments. La Terre nous apprend qu'une forme de pollution industrielle dans l'atmosphère des exoplanètes compte également parmi ces indices possibles (de fait, quelques années avant le passage de 'Oumuamua à travers notre système solaire, j'ai écrit un article avec mon étudiant Henry Lin et l'expert en sciences de l'atmosphère Gonzalo Gonzales sur les traces de pollution dans les atmosphères d'exoplanètes comme signature de civilisations avancées). Une telle couche de polluants pourrait signaler l'échec d'une civilisation à passer le grand filtre, ou au contraire une tentative de réchauffer intentionnellement une planète devenue trop froide ou de refroidir une planète devenue trop chaude. Nos fouilles astro-archéologiques conduites à des années-lumière de leurs objets d'étude pourraient aussi inclure la recherche de molécules artificielles de synthèse, comme les chlorofluorocarbones (CFC). En effet, bien après la disparition d'une civilisation et de ses signaux intentionnels, les traces de son industrie perdureront à la surface ou dans l'atmosphère de sa planète.

Nos fouilles pourraient s'étendre jusqu'aux confins de l'univers. Nos recherches n'ont aucune raison de se limiter aux exoplanètes. Les astronomes devraient être à l'affût de signaux lumineux émis sur de très grandes distances. De tels faisceaux lumineux pourraient trahir les efforts de communication d'intelligences extraterrestres, ou bien leur mode de propulsion. Lorsque notre propre civilisation enverra des photovoiles dans le cosmos, comme celles que mon équipe a proposées pour le projet Starshot, leur propulsion sera en effet assurée par de puissants lasers, dont le rayonnement lumineux, se répandant autour des voiles, sera visible de très loin.

En outre, on pourrait rechercher des flottilles de satellites ou de mégastructures conçues pour bloquer et exploiter la lumière de l'étoile – un système appelé sphère de Dyson, en hommage à l'astrophysicien Freeman Dyson qui l'a imaginé. De telles mégastructures représentent un formidable défi d'astro-ingénierie et, si elles existent, nul doute qu'elles sont rarissimes. Elles constituent néanmoins, face au péril d'extinction, une solution technologique qu'une civilisation clairvoyante et avancée pourrait mettre en œuvre si elle en avait les moyens. Mais tous ces phénomènes, si nous voulons avoir une chance de les détecter, encore faut-il les chercher.

La quête de mégastructures, notamment, pose une difficulté conceptuelle dont les astro-archéologues devront s'affranchir : leurs efforts dans ce sens présupposent l'existence d'intelligences bien plus avancées que la nôtre. Si un projet comme la sphère de Dyson paraît aux humains invraisemblable, voire impossible, c'est sans doute parce que nous ne sommes pas encore assez intelligents pour l'appréhender. Une civilisation bien plus avancée que la nôtre aurait tout à fait pu surmonter des obstacles que, à la lumière de nos faibles connaissances, nous croyons insurmontables.

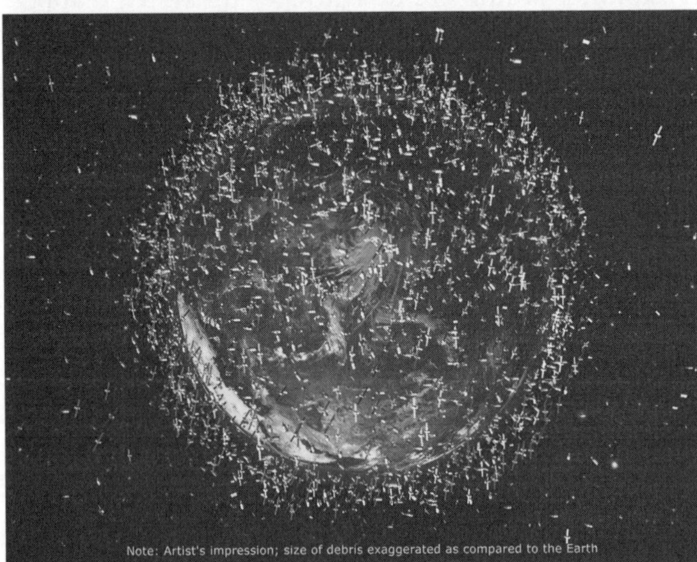

Fig. 10.2.1 et 10.2.2 : Deux exemples de structures artificielles que pourrait bâtir une civilisation avancée : une sphère de Dyson, mégastructure hypothétique entourant une étoile pour recueillir sa lumière ; une armada de satellites de télécommunications autour d'une planète de type terrestre.

Une leçon d'humilité : c'est ce que nous apporteraient l'astro-archéologie et ses découvertes, et c'est sans doute ce qui pourrait nous arriver de mieux.

Accepter le fait que nous sommes probablement beaucoup moins avancés que les civilisations qui nous ont précédés nous forcerait peut-être à trouver le moyen d'accélérer notre évolution laborieuse – une métamorphose psychologique qui permettrait à l'humanité de franchir, d'un seul trait, des milliers, voire des millions d'années de progrès.

Tout indique que l'humanité n'a pas placé bien haut la barre de son intelligence : d'autres civilisations ont sans doute fait mieux. Il suffit pour s'en convaincre de lire les journaux et les fils d'actualité sur nos écrans. Le véritable curseur de l'intelligence est la quête du bonheur, mais, trop souvent, nous faisons le contraire. L'attention continue prêtée aux informations dont on nous gave me conduit à penser que nous ne sommes décidément pas l'espèce la plus intelligente de l'univers.

Notre civilisation s'est rarement préoccupée du bien-être de tous, au cours des siècles écoulés comme aujourd'hui. Parmi nos mauvaises habitudes, nous privilégions les profits à court terme au détriment d'avantages durables dans des domaines aussi complexes que le bilan carbone des énergies, aussi controversés que les vaccins, aussi simples que l'emploi, pour nos courses, de sacs réutilisables. Et, durant plus d'un siècle, nous avons diffusé par ondes radio la preuve de notre existence à travers la Voie lactée sans jamais nous demander si d'autres civilisations pourraient être à la fois plus intelligentes et plus agressives que nous.

Cela étant, une coordination des efforts afin de présenter au cosmos une image à la fois nuancée et uniforme de la civilisation humaine présupposerait de notre part une capacité à l'unité. L'histoire de l'humanité nous donne peu d'espoir dans ce sens, du moins dans un avenir proche.

Dans ce domaine tout nouveau qu'est l'astro-archéologie, un autre défi majeur – outre l'obtention des instruments et des ressources nécessaires – sera d'adopter des approches qui augmenteront nos capacités à imaginer les productions de civilisations plus avancées. En d'autres termes, les limites de notre propre expérience et les préjugés qui en découlent ne doivent pas borner notre ouverture intellectuelle et nous empêcher de reconnaître des objets technologiques extraterrestres, délibérément envoyés à notre intention ou simples déchets.

Le familier à nos yeux ne peut dicter ce que nous cherchons. J'utilise souvent devant mes étudiants l'analogie de l'homme des cavernes qui tomberait sur un téléphone portable. Elle est parfaite pour décrire notre attitude face à une pièce technologique conçue par une intelligence extraterrestre. Si nous ne sommes pas préparés, si nous n'avons pas nourri notre réflexion en matière d'astro-archéologie, nous risquons de réagir de la même façon que l'homme des cavernes, qui voit dans le téléphone portable une simple pierre polie, quelque peu exotique. À cause de son étroitesse d'esprit, il aura manqué l'occasion d'accomplir un bond technologique d'un million d'années dans le futur.

Une chose est sûre. Si nous assignons d'avance une probabilité de zéro à nos chances de trouver des objets artificiels extraterrestres, comme l'ont fait certains savants dans le cas de ʻOumuamua, et si notre civilisation humaine distribue ses efforts de recherche, ses subventions et organise l'apprentissage de ses chercheurs avec le présupposé « ce ne peut être des extraterrestres », nous sommes certains de ne jamais découvrir une pièce technologique de leur fabrication. Pour aller de l'avant, il faut sortir des sentiers battus, et renoncer aux préjugés qui conduisent à ne vouloir découvrir que ce que l'on connaît déjà.

Comme individus et comme civilisation, nous devons aussi apprendre la modestie quant à notre place dans l'univers et le destin qui nous attend. Statistiquement, il est très probable que nous nous trouvons quelque part au milieu de la courbe en cloche représentant les intelligences de l'univers, et non sur l'aile des plus intelligentes.

Mes étudiants sont souvent surpris en classe lorsque je leur fais cette remarque simple mais qui donne à penser : « Seuls la moitié d'entre vous sont meilleurs que la médiane de la classe. » Ce constat s'applique aux civilisations du cosmos. Que nous ayons jusqu'alors découvert un grand nombre de planètes similaires à la Terre mais aucun indice d'une civilisation autre que la nôtre n'implique pas que la vie et la civilisation sur Terre sont assurées d'un brillant avenir.

Les historiens peuvent se demander si notre passé suggère ou non une interprétation téléologique de la marche du progrès, l'univers quant à lui offre une réponse claire : son histoire montre une tendance à l'extinction – des étoiles, des planètes, du Système solaire et peut-être même de l'univers tel que nous le connaissons. La recherche d'une technologie extraterrestre – et *a fortiori* sa découverte – pourrait nous secouer un peu et nous obliger à sortir de notre cadre de pensée comme de notre habitude de ne regarder qu'une ou deux générations devant nous, perdant de vue l'avenir de notre civilisation.

J'illustrerai cette nécessité d'un nouvel état d'esprit par une anecdote. Je m'étais rendu six fois dans la même ville universitaire en Europe où mes hôtes me logeaient toujours, au même hôtel, dans la même petite chambre où, dans la douche, je me cognais la tête contre le plafond bas et où il me fallait ramper pour me mettre au lit, sans place pour étirer mes jambes. Je me promis donc, la prochaine fois, de réserver une chambre double.

Lorsque j'arrivai à l'hôtel pour le séjour suivant, le réceptionniste m'accueillit avec prévenance : « Je vois que votre épouse n'a pas pu venir, je serai heureux de changer votre réservation pour une chambre simple. » « Surtout pas ! m'exclamai-je, installez-moi s'il vous plaît dans la double que j'ai réservée. » Lorsque je rapportai cette histoire à mes hôtes, et finis par leur demander pourquoi tout était si petit dans leur ville, ils me répondirent : « C'est parce qu'une loi municipale stipule qu'aucun bâtiment ne doit être plus élevé que l'église. » Je m'enquis alors : « Pourquoi ne pas surélever l'église ? » « Parce que c'est comme ça depuis des siècles », répondirent-ils.

L'inertie est une force puissante. Quand on est jeune, on peut imaginer de nouveaux mondes, métaphoriquement ou même littéralement parlant, mais de telles idées révolutionnaires sont souvent accueillies avec scepticisme, voire rejetées par le monde des adultes qui n'ont plus envie de défier la réalité après trop de combats perdus. Ces « adultes » se sont habitués à accepter les choses telles qu'elles sont et à ne plus penser à l'inconnu.

La jeunesse n'a rien à voir avec l'âge biologique : c'est une attitude. Elle permet à certains de repousser les frontières de la découverte scientifique pendant que d'autres aspirent à rester sagement à l'intérieur des limites admises. L'immense privilège du métier de chercheur est qu'il permet de maintenir éveillée sa curiosité d'enfant et de contester les concepts injustifiés. Mais une telle chance est perdue si on ne la saisit pas.

Il est communément admis chez les scientifiques conservateurs que la vie intelligente est probablement réservée à la Terre, et que chercher des signaux intelligents dans le cosmos ou les débris technologiques d'une civilisation disparue constituerait une perte de temps et d'argent. Mais cette façon de réfléchir est plutôt vieillotte. Aujourd'hui, une nouvelle génération de chercheurs a accès à des télescopes qui pourraient bouleverser la donne. Comme Copernic a révolutionné les dogmes quant à notre place dans l'univers, notre génération peut initier une nouvelle révolution, en « surélevant l'église ».

11. Le pari de 'Oumuamua

Imaginez ce qui se passera sur Terre au lendemain de la confirmation irréfutable que la vie existe ailleurs dans l'univers. Supposez par exemple que l'on ait repéré 'Oumuamua avant octobre 2017 et que l'on ait eu le temps de lancer une sonde qui aurait photographié l'objet en gros plan et démontré, hors de tout doute raisonnable, qu'il s'agissait d'un débris technologique provenant d'une civilisation extraterrestre.

Maintenant, posez-vous la question : que se serait-il passé ?

Découvrir une preuve de vie sur une autre planète aurait un impact profond sur la science de l'astronomie mais également sur la psychologie humaine, la philosophie, la religion, et même sur l'éducation. Alors qu'aujourd'hui seule une minorité de chercheurs étudie sérieusement la probabilité d'une vie extraterrestre et s'adonne à sa quête, dès l'instant où nous apprendrons que nous ne sommes pas seuls dans l'univers, le sujet deviendra une matière obligatoire enseignée à l'école. Immanquablement, une telle découverte influencera aussi notre façon de nous comporter et d'interagir les uns avec les autres, dans la mesure où nous aurons désormais

L'analyse coût-bénéfice à laquelle Pascal s'est livré repose sur le postulat qu'un être divin et omniscient existe. L'acceptation que 'Oumuamua est une forme de technologie extraterrestre requiert uniquement, quant à elle, le postulat qu'existe une autre intelligence que la nôtre.

En outre, alors que Pascal ne pouvait se fonder que sur la foi, nous disposons d'indices et d'un raisonnement – des atouts qui font pencher la balance en faveur d'une technologie extraterrestre pour expliquer 'Oumuamua.

Si j'aime comparer ces deux paris, c'est pour une autre raison encore. J'ai appris que de nombreuses conversations au sujet de 'Oumuamua dérivaient vers le religieux. Cela vient je pense du fait qu'une intelligence très en avance sur la nôtre présentera des similitudes avec l'idée que l'on se fait de Dieu.

« Vos croyances religieuses, notamment au sujet de Dieu, ont-elles changé depuis que vous étudiez l'astronomie ? » me demanda lors d'une interview sur 'Oumuamua un journaliste du *New Yorker*. Je restai d'abord perplexe. Pourquoi imaginer que j'étais croyant ? J'ai toujours été, et reste, athée.

J'ai commencé à comprendre d'où venait ce type de questionnement à l'occasion d'une autre entrevue, cette fois-ci avec la chaîne CNN. Alors que nous étions arrivés au terme de l'interview, le journaliste me demanda : « Lorsque nous rencontrerons une civilisation extraterrestre pour la première fois, devons-nous espérer qu'elle sera religieuse ? » Il restait très peu de temps et le journaliste réalisa sans doute qu'il était impossible de répondre en quelques mots, il précisa donc que je n'avais pas besoin de le faire.

Je pense que je dois répondre. Surtout, je pense que nous devons nous pencher davantage sur l'origine de ce questionnement. 'Oumuamua nous met aux prises avec une éventualité prodigieuse, et nous avons du mal à affronter le prodigieux.

Notre civilisation a inventé au cours des siècles des moyens pour y faire face, qui vont du mythe à la méthode scientifique. Et, au fil du temps, nombre de situations sont sorties de la colonne « miracle » pour intégrer celle des explications rationnelles. Une grande partie de ce reclassement est à mettre au crédit des avancées scientifiques. Mais aucune méthode de pensée n'est à l'abri des attitudes dogmatiques, chez les scientifiques comme chez les théologiens.

Voyons comment un non-croyant réagirait à la question posée par le journaliste de CNN. Il pourrait concéder que des êtres inspirés par une religion sont plus enclins à l'éthique, guidés par des valeurs morales, ou même soutenir que les pauvres doivent être ceux qui hériteront de l'univers. Après tout, la plupart des religions sur Terre enseignent des systèmes de valeurs que leurs adeptes respectent, par crainte d'une punition divine ou dans l'intérêt de la société. Un non-croyant pourrait même faire remarquer qu'un certain nombre de religions, notamment le jaïnisme, prêchent la non-violence.

Mais notre commentateur athée soulignera aussi que l'histoire des religions donne à réfléchir. Il pourrait citer l'exemple de l'invasion de l'Amérique centrale et de l'Amérique du Sud par les conquistadors espagnols au XVIe siècle. Lors d'un grand autodafé en 1562, le prêtre catholique Diego de Landa Calderón, aveuglé par sa haine de l'idolâtrie, brûla des milliers de codex et manuscrits mayas, de sorte qu'il ne reste pratiquement plus rien pour les historiens. « Nous avons trouvé un grand nombre de livres écrits avec ces caractères », déclara le prêtre, « et comme ils ne contenaient rien d'autre que des superstitions et des mensonges du diable, nous les avons tous brûlés ». Si notre première rencontre avec les extraterrestres ou leur technologie reproduit l'Inquisition de l'Église catholique ou les pratiques d'Hernán Cortés lorsqu'il arriva en 1519 à Tenochtitlan, capitale de l'empire aztèque, on est en droit d'être inquiets.

Pour ce qui est d'une personne croyante, on imagine aisément sa réponse à la question « lorsque nous rencontrerons une civilisation extraterrestre pour la première fois, devons-nous espérer qu'elle sera religieuse ? ».

Ceci dit, les sciences, y compris les sciences sociales comme l'économie, ont permis l'allongement de notre espérance de vie et le recul de la pauvreté dans le monde. Mais faut-il pour autant préférer une civilisation sans religion et scientifique ?

Considérons le XXe siècle. À la fois la Première et la Seconde guerre mondiale, conflits parmi les plus meurtriers de l'histoire de l'humanité, ont reposé sur des affrontements séculiers à propos de frontières, de ressources et de pouvoir. Durant le même siècle, l'eugénisme (cette supposée science visant à contrôler la reproduction humaine afin d'« améliorer » l'espèce) a permis le développement du racisme aux États-Unis et précipité la Shoah dans l'Allemagne nazie. Quant à l'une des expériences sociales du XXe siècle les plus éloignées de la religion, le communisme en Union soviétique, elle a fréquemment ordonné que la recherche scientifique se conforme à l'idéologie du parti. La science peut donc venir en soutien à l'orthodoxie, à l'autoritarisme, et même à la violence.

Mais c'est peut-être dans sa formulation que la question de CNN pose un problème. Le journaliste ne s'inspire que de la civilisation disponible, la nôtre. À l'échelle globale d'une civilisation extraterrestre, la question « religieux ou non religieux » a toutes les chances d'être une fausse dichotomie. Si nous nous fions à l'histoire de l'humanité, à la fois récente et éloignée, une intelligence extraterrestre peut être religieuse et non religieuse à la fois, et le sujet n'a même pas d'intérêt.

On peut se projeter le lendemain de la découverte de preuves d'une autre forme de vie dans l'univers. J'avance une prédiction en toute confiance : lorsque nous aurons la certitude que nous ne sommes pas seuls dans l'univers, toutes les religions de l'humanité – et tous les scientifiques, même les plus conservateurs – trouveront des manières de s'en accommoder.

Je ne m'inquiète pas de savoir si la première intelligence extraterrestre que nous rencontrerons sera religieuse ou non, mais si elle sera animée par l'humilité, non par l'arrogance. La rencontre serait ainsi mutuellement enrichissante ; pas un conflit à somme nulle, nourri par des intérêts égoïstes et débouchant sur une lutte de pouvoir. Cet espoir concerne bien sûr aussi la façon dont nous conduisons notre propre exploration du cosmos et y établissons des postes avancés – nos petits Beit Hanan parmi les étoiles. À mesure que nous progresserons dans l'univers, nous ferons preuve, souhaitons-le, d'une responsabilité morale et d'une humilité plus grandes que celles manifestées jusqu'à présent sur Terre.

La science et la religion ont toutes deux, dans l'histoire, encouragé à la fois notre arrogance et notre humilité. Le comble de l'arrogance consiste à rejeter ce qui ne peut s'expliquer rationnellement, mais cette attitude résulte d'œillères intellectuelles, mises en place aussi bien par la théologie que par la science, lesquelles bornent parfois les idées de leurs praticiens, les forçant à demeurer dans les sentiers battus.

Mais on doit aussi admettre que, à l'occasion, la science et la théologie ont également encouragé des groupes de praticiens à faire l'inverse, à ôter leurs œillères et à s'ouvrir à ce qui est nouveau, controversé, inattendu. J'y trouve une raison d'espérer.

D'abord, une civilisation extraterrestre sera sans doute autant impressionnée de rencontrer la nôtre que nous le serons de la découvrir. Elle aussi aura certainement scruté le cosmos, génération après génération ; elle aussi aura compris que l'univers regorge de planètes susceptibles d'abriter la vie, alors que la vie semble pourtant si rare.

Ensuite, elle se souciera probablement autant de l'attitude de notre espèce à son égard que nous nous inquiéterons de ses intentions. Quelle que soit l'information dont elle disposera au sujet de la vie sur Terre, elle sera certainement partielle et largement dépassée. Les astronomes extraterrestres, comme les astronomes terrestres, remontent le temps lorsqu'ils scrutent de plus en plus loin dans l'espace. Les lois de la physique, après tout, ne s'appliqueront pas moins à leurs technologies qu'elles s'appliquent aux nôtres et, d'après tout ce que nous savons, les distances à franchir appelleront à la modestie. Toutes nos sondes interstellaires sont condamnées à des vols sans retour : il en est sans doute de même pour les vaisseaux extraterrestres.

Enfin, j'aime à penser que les intelligences extraterrestres que nous rencontrerons compteront quelques existentialistes. Il ne s'agit pas, je crois, d'une idée absurde. Si notre histoire intellectuelle a permis au courant de pensée existentialiste de s'épanouir, il en a été probablement de même ailleurs. Les extraterrestres, comme nous, ont eu tout le temps d'affronter les mystères les plus profonds de la vie, ceux qu'il est impossible de banaliser.

Aucun mystère n'est plus fondamental que le sens de la vie. Certains d'entre nous se retrouvent dans le rôle de Hamlet, d'autres dans ceux de Rosencrantz et Guildenstern, dans cette même pièce de Shakespeare, mais tous nous ressentons ce malaise d'être projetés sur une scène sans avoir pu lire le script au préalable. Chaque être humain, et sans doute chaque être conscient, s'est un jour demandé : « quel est le sens de tout cela ? ».

À la recherche de réponses, je me suis tôt dans la vie intéressé aux philosophes existentialistes, en particulier Albert Camus. Parmi ses œuvres, *Le Mythe de Sisyphe* est celle qui m'a le plus marqué. Selon la mythologie grecque, Sisyphe fut puni par les dieux et condamné pour l'éternité à rouler jusqu'au sommet d'une montagne un lourd rocher d'où il finit toujours par retomber. Camus y voyait une métaphore de l'absurdité de la condition de l'homme, pareillement piégé dans un cycle sans fin, tentant de comprendre un monde inexplicable. Cette condition partagée par tous les êtres conscients – vivre et mourir sans jamais découvrir pourquoi – relevait pour Camus de l'absurdité. Je pense que d'autres êtres conscients, contraints comme nous par des bornes intellectuelles, arriveront inévitablement à cette même conclusion : la vie est absurde.

Difficile de rester arrogant lorsqu'on est confronté à l'absurde. L'humilité est une bien meilleure attitude. Si l'humanité pratique l'humilité lorsqu'elle est confrontée au prodigieux, les civilisations extraterrestres, peut-on supposer, font de même.

Tout au long de l'histoire, les êtres humains se sont battus pour des causes plus larges et plus exaltantes que leur propre vie – reposant souvent sur des considérations terrestres, comme la nationalité ou la religion. Prenons l'exemple des soldats japonais durant la Seconde Guerre mondiale qui se sacrifiaient par dévotion pour l'empereur Hirohito. Pourtant, considérant le calcul récent qui estime à environ un zêta (soit 1 000 000 000 000 000 000 000) le nombre de planètes habitables dans l'univers observable, le statut de l'empereur japonais n'est guère plus élevé que celui d'une fourmi s'agrippant à un grain de sable sur une plage. Et ce qui est vrai pour l'empereur l'est également pour un soldat ou pour n'importe qui sur Terre.

Levons les yeux et regardons au-delà du grain de sable.

En fait, plutôt que nous prendre pour des vedettes, alors que nous jouons des rôles insignifiants, nous devrions adopter le point de vue du spectateur et simplement profiter du magnifique spectacle qui nous entoure. Il faut prendre le temps de s'arrêter le long du chemin pour humer l'odeur d'une rose ou pour inspecter un coquillage sur une plage : il y a tant à admirer sur Terre. De même dans les cieux : si le riche spectacle offert par notre planète se révèle insuffisant, nos télescopes permettent d'élargir le champ du merveilleux. Au cours de la prochaine décennie, l'observatoire Vera C. Rubin conduira une campagne photographique du ciel austral : le projet LSST. Sur dix ans, le télescope recueillera un fonds d'images de cinq cents pétaoctets (500×10^{15} octets) de notre environnement cosmique. Je rêve qu'un nouveau service de streaming par abonnement soit créé, qui permettrait à tous de découvrir le contenu de l'univers.

Cela étant, nous ne sommes pas tous destinés à rester spectateurs. Certains ambitionnent d'apporter leur modeste contribution : les voies sont nombreuses

– les sciences offrent les meilleures chances d’y parvenir, je le soutiendrai toujours –, mais il serait bon que l’on se fixe un objectif à la hauteur de notre capacité à nous émerveiller, et à espérer.

Nous interroger sur les valeurs des autres civilisations nous conduira à comprendre et parfaire la nôtre. Le pari de ‘Oumuamua, c’est aussi nous forcer à accomplir cet effort.

Faire le pari que la Terre a tout récemment été frôlée par un échantillon de technologie extraterrestre c’est accepter de changer fondamentalement ce que nous cherchons et ce que nous comptons trouver dans l’univers. De même, il s’agit de repenser ce que nous comptons entreprendre, de manière que non seulement la Terre mais l’univers entier en profitent. Vivre en sachant qu’il y a, ou qu’il y a eu, dans l’univers des formes de vie intelligente autres que la nôtre, c’est redéfinir au passage les attentes et les objectifs de l’humanité.

Personnellement, j’ai toujours été guidé par le désir de comprendre des choses nouvelles sur l’univers, qui modifieraient notre perception du cosmos et nous pousseraient à l’explorer davantage. Le sens que je donne à ma propre vie, c’est tirer avantage de ma position particulière d’astronome pour apporter à notre civilisation de nouveaux défis à relever sur la grande scène du cosmos. Vu les nombreuses réalisations technologiques accomplies sur Terre, une perspective plus large ne pourra que nous aider à en concevoir d’autres, à poser des questions inédites, à établir de nouvelles disciplines, et à redéfinir notre rôle dans un monde élargi.

À l’aune de toutes les grandes découvertes de l’astronomie, celle d’une vie extraterrestre aurait un impact maximal sur notre manière de voir les choses. Et si cette découverte, nous l'avions déjà faite ? Et si, comme maintes fois dans le passé lorsque la science nous a offert des révélations qui modifiaient en profondeur notre vision du monde et la place qu'on y occupe, la seule chose qui nous empêche d'adopter cette perspective plus large était notre réticence à envisager avec optimisme le pari de 'Oumuamua ?

Le plus grand bienfait d'une rencontre avec des êtres supérieurs serait de pouvoir leur poser la question fondamentale qui nous taraude depuis des siècles : quel est le sens de la vie ? J'espère vivre assez longtemps pour entendre leur réponse, nourrie par des millénaires de réflexion scientifique sur le sujet. Mais j'ai bien peur aussi que le rythme adopté par notre civilisation pour tenter d'obtenir cette réponse soit plombé par notre arrogance : celle qui nous pousse à nous agripper à notre petit grain de sable plutôt qu'à viser les étoiles.

12. Planter des graines

Si, confrontés au pari de 'Oumuamua, nous décidons que l'objet est le produit d'une intelligence extraterrestre plutôt qu'un rocher bizarre, une autre question se pose : combien sommes-nous prêts à miser sur ce choix ?

Pour commencer, considérons la plus petite mise que l'humanité pourrait placer sur la table : nous pouvons simplement reconnaître que nous avons raté une chance d'examiner en détail le premier voyageur interstellaire repéré par nous, et décider de mieux nous préparer pour la prochaine occasion. Cette préparation pourrait prendre plusieurs formes, y compris le développement d'une méthode permettant de recueillir une bonne image du prochain objet anormal qui traversera le Système solaire, voire une méthode pour capturer l'objet. Mais cette préparation implique également de développer tous les moyens nécessaires, tant intellectuels que technologiques, pour étudier et comprendre ce que l'on trouvera. Une mise aussi modeste peut déjà nous apporter des gains énormes : la découverte d'une technologie extraterrestre nous aidera probablement à atteindre des objectifs actuellement hors de notre portée.

L'astro-archéologie pourrait être l'un des moyens à mettre en œuvre, mais nos efforts ne devraient pas s'arrêter là.

Si l'on prend au sérieux l'hypothèse que 'Oumuamua est un exemple de technologie extraterrestre, nous devons aussi nous préparer aux défis auxquels nous confrontera une rencontre avec une forme de vie ou de technologie extraterrestre. Car, une fois obtenue la preuve irréfutable de l'existence d'une vie extraterrestre, un débat international sera certainement lancé sur la manière d'y réagir. Comment se préparer à un tel débat ? Comment anticiper et planifier notre réponse à un contact extraterrestre, qu'il consiste en un message radio du type recherché par SETI depuis des décennies ou qu'il prenne une toute autre forme ?

Si on parie en revanche que 'Oumuamua est un rocher exotique, rien de plus, le jour où des preuves plus concluantes d'intelligence extraterrestre se présenteront à nous, il faudra nous *précipiter* pour développer les outils adéquats. Le premier outil sera probablement un nouveau domaine académique, l'« astro-linguistique », qui travaillera sur une méthode de communication interstellaire. D'autres spécialités suivront, comme l'« astro-politique », l'« astro-économie », l'« astro-sociologie », l'« astro-psychologie », et ainsi de suite.

Parier que 'Oumuamua est une forme de technologie extraterrestre permettrait cependant de commencer dès aujourd'hui à développer de tels champs d'étude.

D'autres bénéfices peuvent être tirés du fait, même peu ambitieux, que 'Oumuamua relève d'une technologie extraterrestre. Par exemple, si nous acceptons que nous ne sommes pas seuls dans l'univers, nous nous rendrons compte que les lois terrestres internationales ne peuvent servir de cadre à une rencontre extraterrestre. Si on accepte que ‘Oumuamua est d’origine extraterrestre, une autre des réponses les plus modestes à ce pari pourrait être l’établissement de protocoles internationaux – vraisemblablement sous l’égide des Nations unies – pour coordonner et contrôler notre recherche d’une vie extraterrestre ainsi que nos communications avec d’éventuelles intelligences de ce type. Même un traité embryonnaire signé par toutes les instances terrestres fournirait un cadre de réflexion sur la manière dont nous pourrions, en tant qu’espèce, réagir à une rencontre avec une intelligence de plusieurs milliards d’années plus avancée que la nôtre.

Quelle serait la mise la plus ambitieuse à placer sur le pari que ‘Oumuamua représente une technologie extraterrestre ? Il s’agirait de quelque chose qui pourrait assurer la survie de notre biosphère terrestre.

Cette mise plus ambitieuse consisterait à tirer des leçons de ce qu’une civilisation plus avancée a déjà tenté de faire, d’après nous. Prendre le risque scientifique d’admettre que ‘Oumuamua est un engin extraterrestre nous pousse à réfléchir comme l’a fait cette civilisation qui aurait placé une balise à photovoile dans l’espace pour que notre système solaire la croise. Cela nous conduit non seulement à imaginer des vaisseaux extraterrestres mais à travailler sur la construction de nos propres vaisseaux.

Des vaisseaux extraterrestres pourraient comporter des systèmes robotiques munis d’imprimantes 3D et d’une intelligence artificielle, leur permettant d’utiliser la matière première récoltée sur leur chemin pour fabriquer des objets artificiels, selon des logiciels préprogrammés. Cette disposition garantirait leur précieux contenu d’origine contre toute catastrophe qui pourrait survenir en un lieu en multipliant les copies de ce contenu en d’autres lieux. L’avantage de reproduire par imprimante 3D une forme de vie à partir de la matière première d'une autre planète est que les systèmes biologiques naturels que nous connaissons, à base d'ADN, ont des durées de vie limitées. Même des éléments biologiques empaquetés avec le plus grand soin pourraient se déliter en quelques millions d'années. Des systèmes capables de reconstruire la vie une fois les vaisseaux arrivés à destination prolongent considérablement l'échéance.

Peut-être devrions-nous réfléchir à cette stratégie sans attendre d'avoir des preuves formelles que nous ne sommes pas les seuls êtres vivants, ni les plus intelligents, de l'univers.

Lorsque j'étais enfant, j'aimais cueillir des têtes de pissenlit, les approcher de mon visage et souffler dessus le plus fort possible pour disperser les graines : ainsi que la nature l'a voulu, celles-ci se répandaient largement. Deux semaines plus tard, je constatais que les semis avaient donné naissance à de nouveaux plants émergeant du sol. Les civilisations pourraient-elles se prémunir d'une extinction en adoptant une stratégie similaire ? Des civilisations extraterrestres ont-elles déjà essayé ? Serait-ce le moyen de maintenir la vie dans l'univers ?

Gardons en mémoire la légère déviation de trajectoire de 'Oumuamua par rapport à celle que lui dictait la gravitation du Soleil. Quelque chose d'autre le poussait, et j'ai émis l'hypothèse que c'était la pression du rayonnement solaire sur une voile de fabrication extraterrestre. Toutefois, même en supposant que l'objet avait été conçu spécialement dans ce but, la déviation fut vraiment minime. Et, en effet, la pression du rayonnement solaire pourrait accélérer une photovoile à un millième de la vitesse de la lumière à peine, même si celle-ci commençait son périple à une distance de dix rayons solaires de l'astre, la distance la plus courte atteinte par une de nos sondes (la sonde solaire Parker lancée en 2018 pour étudier la couronne de notre étoile). Pour propulser les graines de la vie terrestre à travers la galaxie, il faudrait une force bien supérieure. Plutôt qu'un rayonnement de type solaire, nous aurions besoin de celui d'une étoile en cours d'explosion : une supernova.

Le rayonnement d'une supernova est comparable à celui d'un milliard de soleils sur une durée d'environ un mois. Une photovoile pesant moins d'un demi-gramme par mètre carré propulsée par une telle explosion pourrait s'approcher de la vitesse de la lumière, même si elle se trouvait au départ à une distance de l'étoile de l'ordre de cent fois la distance Terre-Soleil. Une telle propulsion permettrait à nos graines de pissenlit d'atteindre des régions de l'univers qui ne figurent aujourd'hui que dans nos rêves les plus fous, augmentant de façon spectaculaire le nombre d'exoplanètes où ces graines de vie pourraient prendre racine.

Pour vous représenter comment cela pourrait fonctionner en pratique, imaginez une civilisation qui résiderait à une certaine distance d'Êta de la Carène, une étoile géante dont la luminosité vaut cinq millions de fois celle du Soleil. De façon à assurer la perpétuation de ses formes de vie, cette civilisation installerait de nombreuses photovoiles autour de l'étoile et, ingénieusement, attendrait que l'explosion les propulse à des vitesses proches de celle de la lumière, tout cela pour un coût minime.

Une telle civilisation ferait preuve d'une patience et d'une débauche de moyens que la nôtre est loin d'avoir atteintes – jusqu'à présent. De telles étoiles géantes vivent des millions d'années, et le moment exact de leur explosion est difficile à prévoir. Êta de la Carène, par exemple, a une durée de vie de plusieurs millions d'années. Prédire son explosion avec une précision d'un millénaire équivaut à prévoir la mort d'une personne à une année près dès lors qu'elle a atteint son espérance de vie moyenne.

La civilisation en question aurait également planifié son avenir à un degré inatteignable par nous aujourd'hui. Afin d'envoyer ses photovoiles depuis l'étoile d'origine jusqu'à Êta de la Carène avant que celle-ci n'explose, il faudrait, si elle utilisait des moteurs-fusées classiques, qu'elle les lance plusieurs millions d'années à l'avance – la durée du voyage qu'imposeraient de telles fusées traditionnelles.

Fig. 12.1 : La nébuleuse du Crabe est la matière éjectée par une supernova : l'explosion d'une étoile dont la lumière est parvenue sur Terre en l'an 1054 depuis une distance de 6 300 années-lumière. Au centre de cette bulle de matière rémanente se trouve une étoile à neutrons, le pulsar du Crabe, qui accomplit 30 rotations par seconde et balaye de son rayonnement le cosmos alentour à la manière d'un phare. Des explosions stellaires comme celle-ci pourraient être exploitées pour propulser des photovoiles aux confins de l'univers. (Crédit : ESO.)

Or cette patience et cet esprit d'anticipation constituent justement le plus gros obstacle. La technologie, certes impressionnante, est réalisable. Nous savons, d'après les modélisations effectuées dans le cadre de notre projet Starshot, que les photovoiles doivent être extrêmement réfléchissantes afin de ne pas absorber trop de lumière de l'explosion stellaire qui les propulse, sous peine de se consumer. Nous pouvons également apprendre comment faire en sorte que les sondes restent stationnées autour de leur étoile, malgré son fort rayonnement, avant que celle-ci n'explose. Et, afin que les vaisseaux ne viennent pas percuter des débris d'étoile lors de leur accélération, ils devront avoir une forme très effilée, minimisant ainsi les impacts et la friction. Il faudra d'ailleurs en construire un très grand nombre en prévision des accidents.

Pour une civilisation cosmique, le pari serait immense, mais sécurisé. Éventuellement dupliquées en milliers de milliards d'exemplaires, ces sondes légères, construites pour préserver les éléments essentiels de la vie, flotteraient en hibernation à distance raisonnable d'une étoile massive en fin de vie, attendant l'inévitable. Même si la civilisation qui les a placées là ne parvenait pas à échapper à son grand filtre, l'étoile se chargerait, en explosant, de disperser aux quatre coins du cosmos son potentiel de vie, tout comme la fleur de pissenlit dans la bourrasque.

Cela étant, une telle patience n'est pas indispensable. Il est déjà techniquement possible pour l'humanité d'utiliser de puissants lasers beaucoup plus efficaces qu'une étoile pour propulser des photovoiles à travers le cosmos. C'est le principe de base du programme Breakthrough Starshot Initiative : un faisceau laser affichant une puissance de dix gigawatts au mètre carré serait dix millions de fois plus énergétique que la lumière solaire à hauteur de la

Terre, et capable d'accélérer des photovoiles à quelques dizaines de pour cent de la vitesse de la lumière.

Les investissements requis sont bien sûr énormes. Mais dès l'instant où nous saurons que nous ne sommes pas seuls dans l'univers, que très vraisemblablement nous sommes loin d'être la civilisation la plus avancée que le cosmos a pu connaître, nous prendrons conscience que nous avons dépensé plus d'argent pour détruire la vie sur Terre qu'il nous en coûterait pour tenter de la préserver. Confrontés au pari de 'Oumuamua, nous pourrions conclure que la perpétuation de notre existence mérite un tel investissement.

Nous avons mis tous nos œufs dans le même panier : la planète Terre. Le résultat est que l'humanité et notre civilisation se trouvent dangereusement exposées à la moindre catastrophe. En diffusant de multiples copies de notre matériau génétique à travers le cosmos nous nous prémunirions contre ce risque.

Ce type d'effort ne serait pas sans rappeler la révolution qu'a constituée l'invention de l'imprimerie, qui permit à Johannes Gutenberg de fabriquer en série des copies de la Bible et de les distribuer à travers l'Europe. L'existence de copies nombreuses faisait perdre à chaque exemplaire individuel sa fragile et précieuse unicité.

De la même manière, dès que nous saurons produire une vie de synthèse en laboratoire, des « imprimantes ADN » pourraient être dispatchées à la surface d'autres planètes pour y répliquer le génome humain à partir de la matière première disponible sur place. Un seul exemplaire ne serait plus essentiel à la préservation de l'information génétique de notre espèce : celle-ci serait accessible à travers de nombreuses copies. À l'heure où j'écris ces lignes, nombre de mes collègues, à Harvard et ailleurs, s'évertuent à créer la vie à partir de la matière inerte, tentant de faire passer cette opération de la colonne des miracles à celle des réalisations ordinaires. De même que les physiciens ont grandement profité d'expériences de laboratoire pour comprendre les lois qui régissent l'univers, ces chercheurs travaillent à identifier la multitude de voies chimiques qui pourraient donner naissance à la vie et créer une vie de synthèse en laboratoire. C'est le cas notamment du laboratoire Szostak, dirigé par le prix Nobel Jack Szostak, qui cherche à mettre au point un système cellulaire de synthèse qui évolue, se reproduit, et préserve son information génétique, selon les mécanismes exposés par Charles Darwin en 1859. Szostak et son équipe se concentrent sur la création d'une protocellule apte à la reproduction et à la variance, c'est-à-dire capable d'évoluer. Ils espèrent que l'expérience mènera à l'émergence spontanée de catalyseurs et de molécules structurées, qui seraient encodés au travers d'un génome.

Si le succès est au rendez-vous, connaître les conditions qui permettent à la vie d'émerger nous guidera dans le choix des meilleures cibles dans le cadre de notre quête d'une vie extraterrestre. Nous serons aussi plus éclairés sur nous-mêmes, en tant que formes de vie, et y gagnerons au passage un peu d'humilité.

Pensez aux livres de cuisine : plusieurs recettes peuvent, avec les mêmes ingrédients, donner des gâteaux complètement différents, selon la façon dont ces ingrédients sont mélangés et cuits, et selon le timing des opérations. Certains gâteaux sont meilleurs que d'autres. Rien ne dit que la vie qui a émergé sur notre planète, à la suite d'un concours de circonstances aléatoire, soit optimale. D'autres voies donnent peut-être de meilleurs gâteaux.

La perspective que nous pourrons un jour produire une vie de synthèse en laboratoire soulève également des questions intéressantes sur nos origines. Sommes-nous le résultat d'un schéma d'évolution exclusivement terrestre ? Ou avons-nous, comme les protocellules développées dans nos laboratoires, reçu un coup de pouce ?

En 1871, lors d'une allocution devant l'Association britannique pour l'avancement des sciences, le prolifique mathématicien et physicien Lord Kelvin suggéra que la vie avait pu être implantée sur Terre par des météorites.

Lord Kelvin n'était pas le premier à avancer cette idée. Les Grecs anciens l'avaient considérée, et d'autres savants européens, des décennies avant l'allocution de 1871, l'avaient étudiée de près. Cependant, malgré le nouvel intérêt qu'elle suscita brièvement à la fin du XIXe siècle grâce à Lord Kelvin, elle retourna dans l'oubli pour un siècle supplémentaire.

Depuis deux décennies toutefois, cette théorie de la panspermie – l'idée que la vie peut se propager à des planètes habitables par le truchement de météorites, comètes et autres poussières cosmiques – reçoit de plus en plus d'attention, alors que l'on sait désormais que certaines météorites tombées sur Terre sont d'origine martienne.

Dès lors que nous avons commencé à chercher ces météorites venues de Mars, les découvertes se sont multipliées. Nous avons appris, entre autres, que ALH84001, une météorite martienne récupérée en Antarctique en 1984, n'avait jamais été chauffée à plus de 40 °C depuis son éjection de la planète rouge (sauf en surface, lors de son entrée dans l'atmosphère terrestre). À l'heure actuelle, plus d'une centaine de ces migrants martiens ont été identifiés sur Terre. Si jamais la vie a pu naître

Toutes ces données nous montrent qu'on ne saurait écarter l'idée que nous sommes d'origine martienne. Mais pourrions-nous être plus exotiques encore ? La source originelle de la vie sur Terre, avec ou sans une étape martienne, pourrait-elle être interstellaire, voire intergalactique ? La réponse est oui. Après avoir conduit une analyse rigoureuse quant à la viabilité de la panspermie, mes collègues et moi avons conclu qu'il existe un espace de paramètres qui permet à notre galaxie d'être saturée d'objets porteurs de vie. Dans la mesure où les objets possédant des vitesses assez basses sont plus susceptibles d'être capturés par l'attraction gravitationnelle des planètes croisées, et où les spores de certaines bactéries peuvent survivre des millions d'années, nous avons estimé qu'il existait une forte probabilité que des objets porteurs de vie atteigne la surface des planètes. En invoquant des mécanismes de diffusion gravitationnelle au centre de notre galaxie, nous avons calculé qu'à partir de ce centre de la matière pourrait atteindre les vitesses nécessaires pour ensemencer l'ensemble de la Voie lactée.

Cette semence ne se limite pas nécessairement à des bactéries. Certains virus, capables eux aussi d'évolution darwinienne, se sont également montrés particulièrement résistants. Même des formes de vie plus complexes peuvent effectuer le voyage. Deux vers ronds, ou nématodes, découverts congelés dans le permafrost sibérien, ont été ramenés à la vie après trente à quarante mille ans de cryobiose, durant lesquels leurs fonctions métaboliques se trouvaient totalement à l'arrêt. Si de telles créatures peuvent survivre dans des conditions et sur des échelles de temps similaires à celles d'un voyage interplanétaire, qui nous dit qu'elles ne descendent pas elles-mêmes d'organismes martiens ?

sur Mars, elle a à l'évidence eu l'occasion d'atteindre la Terre et de survivre en chemin.

Une autre pièce à verser au dossier est que la Terre, de l'avis des experts, était inhabitable jusqu'à il y a 4 milliards d'années environ. Or les premières traces de vie dans les roches terrestres datent de 3,8 milliards d'années. Comment une évolution de type darwinien, s'interrogent les chercheurs, a-t-elle pu produire la molécule d'ADN et la vie en un temps aussi court ? D'après ce que nous en voyons sur Terre, nous savons que la vie s'auto-entretient. Les adaptations spontanées et sélectives qui favorisent cette capacité de la vie à perdurer constituent le fondement de la biologie darwinienne. Le but de la vie est de survivre, et donc de se propager. Serait-il alors plausible que la vie utilise la panspermie pour se répandre et assurer sa survie ?

En 2018, avec mes post-doctorants Idan Ginsburg et Manasvi Lingam nous avons publié un article intitulé « Panspermie galactique », dans lequel nous présentions un modèle analytique permettant d'estimer le nombre total d'objets rocheux ou glacés qui pourraient être capturés par des systèmes planétaires au sein de notre galaxie et propager la panspermie, dans le cas où ils contiendraient des formes de vie.

Nous avons commencé par considérer dans quelle mesure nous pourrions être des Martiens. Pour que la vie sur Terre descende de celle sur Mars, la planète rouge doit être frappée par un astéroïde ou une comète avec suffisamment de force pour éjecter des roches dans l'espace interplanétaire. Puis il faut que ces roches interceptent la Terre. Enfin, la vie à bord doit avoir survécu au voyage interplanétaire, ainsi qu'à l'éjection de départ et au crash d'arrivée.

Au cours de sa longue histoire, Mars a été frappé des milliers de milliards de fois par des débris cosmiques de taille plurimétrique. Nombre de ces impacts ont généré des températures et des pressions auxquelles aucune forme de vie n'aurait pu survivre au sein des roches éjectées. Mais dans d'autres cas, comme celui de la météorite martienne ALH84001, le matériau éjecté n'a pas atteint la température d'ébullition de l'eau, permettant à d'éventuels micro-organismes d'y survivre. En d'autres termes, si vie martienne il y a eu, elle pourrait continuer à vivre au sein des roches projetées par de tels impacts. Les chercheurs estiment que Mars a éjecté des milliards de fragments rocheux dont la température était assez basse pour garantir cette survie.

Mais même si des micro-organismes peuvent survivre à leur éjection de la planète Mars, ont-ils des chances de survivre au voyage ? Les débats sont nombreux sur ce point, portant en particulier sur le niveau de létalité du rayonnement ultraviolet sur les bactéries. On a découvert des bactéries extrêmement résistantes aux ultraviolets et autres rayons ionisants, et ces espèces pourraient donc survivre au voyage (en fait, certaines bactéries terrestres sont si tolérantes aux ultraviolets et aux rayons ionisants que l'on se demande si elles ne sont pas nées sur Mars). En outre, les chances de survie pour les bactéries en transit augmentent si elles sont logées à l'intérieur de la météorite plutôt qu'à sa surface, bénéficiant ainsi d'un bouclier contre le rayonnement ultraviolet : il suffit de quelques centimètres de protection. Et d'autres études ont montré que des spores de l'espèce bactérienne *Bacillus subtilis* peuvent survivre jusqu'à six ans dans l'espace ; celles d'autres espèces pourraient endurer des expositions beaucoup plus longues, de l'ordre de plusieurs millions

d'années. Enfin, des chercheurs ont én
qu'une colonie de bactéries pourrait s'
biofilm qui augmenterait considérablemen
contre les rayonnements dangereux.

Dans un autre article, mon étudian
moi avons calculé que des bactéries flotta
atmosphère terrestre pourraient être cuei
par des météores qui friseraient notre plan
kilomètres d'altitude, pour quitter ensu
solaire sur leur lancée. La scène pourrait
coup de cuillère dans la mousse d'un capp
qui s'échappe ensuite avec son précieux é
– de vie terrestre en l'occurrence. Nous av
des milliards de « cuillères » ont ainsi écrén
terrestre tout au long de son histoire.

Des bactéries survivraient-elles à un te
bien connu que les pilotes de chasse ne pe
des manœuvres générant plus d'une di
« g » désigne l'accélération de la gravité
célestes écumant l'atmosphère terrestre
soumettraient les bactéries prélevées à d
de plusieurs *millions* de g. Survivraient-
C'est possible. Des microbes comme *B*
Caenorhabditis elegans, *Deinococcus radi*
richia coli et *Paracoccus denitrificans* ont
résistance à des accélérations à peine dix
Apparemment, ces micro-astronautes s
adaptés aux vols spatiaux que nos meill
pourraient survivre au sein d'une météo
impact au sol dès lors que leur habitat au
hôte n'est pas surchauffé, comme ce fu
météorite martienne ALH84001.

C'est là que parier juste quant à la nature de 'Oumuamua pourrait nous apporter des bénéfices immédiats. Faire le pari que l'on a déjà trouvé les preuves d'une intelligence extraterrestre modifie à la fois le sens de nos questions et la nature de nos projets. Toutes les acrobaties scientifiques qui nous permettent de prouver qu'une panspermie naturelle est possible sont en effet grandement simplifiées si nous acceptons l'idée d'une panspermie *dirigée*. Comment garantir que la vie éjectée d'une planète l'est sans risque ? En l'éjectant soi-même. Comment s'assurer que la vie est, lors d'un voyage interstellaire ou intergalactique, suffisamment protégée des agressions du cosmos ? En construisant le vaisseau spatial à cette fin. Comment être certain que la vie sera nourrie et entretenue tout au long du voyage ? En incluant ces fonctions dans l'appareil.

Beaucoup dépend de la manière dont on répond au pari de 'Oumuamua. L'option la plus prudente est de traiter l'objet comme un rocher insolite, rien de plus, et de s'en tenir à nos modes de pensée habituels. Mais, vu l'enjeu et son ampleur, cette attitude ne nous mène pas bien loin.

Si, au contraire, nous prenons le risque de parier que 'Oumuamua est une pièce de technologie extraterrestre sophistiquée, nous ne pouvons qu'être gagnants. Que cela nous pousse à fouiller méthodiquement l'univers à la recherche de signes de vie ou nous force à monter des projets technologiques plus ambitieux, notre civilisation en sera nécessairement transformée. Si l'humanité était capable de réfléchir, de planifier et de construire dans la perspective d'un projet qui se mesure en millions d'années, elle pourrait veiller à ce que la vie dans l'univers surmonte l'immense défi posé par l'espace et le temps en surfant sur la lumière d'une supernova. Lorsque je me représente la technologie nécessaire à cette fin, technologie que je connais bien, une photovoile emportée par la bourrasque d'une supernova me fait penser au pappus duveteux d'une graine de pissenlit, soufflé par le vent vers un sol vierge à féconder.

Ce qui nous ramène à la genèse de la vie en laboratoire. Si on se contente de l'interprétation que 'Oumuamua n'était qu'un objet rocheux, la genèse artificielle de la vie serait certes un exploit, mais à caractère uniquement biomédical. En revanche, si on a adopté l'option la plus ambitieuse du pari de 'Oumuamua, la création d'une vie de synthèse en laboratoire devient un moyen de permettre à la vie terrestre d'échapper au grand filtre, au-delà même de la mort programmée de notre étoile.

Si notre civilisation est dotée d'une témérité suffisamment grande et d'une durée de vie suffisamment longue, elle finira par émigrer dans l'espace, vers de nouvelles régions de l'univers, semblables en bien des points à celle que nous occupons actuellement. En agissant ainsi, nous ne ferons que poursuivre le cheminement de ceux qui nous ont précédés. De même que sur Terre les civilisations anciennes ont migré vers les berges des fleuves, les civilisations technologiques avancées migreront certainement à travers le cosmos vers des zones riches en ressources – des planètes habitables ou, à plus large échelle, des amas de galaxies.

Aucune civilisation toutefois, y compris la nôtre, ne franchira l'étape de migrer vers les étoiles si elle n'a pas eu l'intelligence de préserver sa planète-mère le temps de planifier son départ. Ce n'est pas du tout ce à quoi semble tendre l'humanité lorsque tant d'entre nous s'agrippent à l'unicité de la vie sur Terre, comme des fourmis à leur grain de sable.

13. Mystérieuses singularités

‘Oumuamua est une pièce de technologie extraterrestre.

Ceci est une hypothèse, pas une affirmation. Comme toute hypothèse scientifique, elle attend d'être confrontée aux données. Et, comme cela arrive souvent dans les sciences, les données en notre possession ne sont pas concluantes. Elles sont toutefois significatives.

Y a-t-il la moindre chance que l'on obtienne des données supplémentaires concernant ‘Oumuamua ou des objets similaires, au-delà de ce que nous avons déjà récupéré ?

La dernière fois que nous avons observé ‘Oumuamua, il s'éloignait de nous à grande vitesse, bien plus vite que nos fusées les plus performantes. Bien sûr, nous pourrions développer des technologies qui permettraient d'aller plus vite que nos fusées classiques, comme les photovoiles. Ou nous pourrions partir avec des fusées traditionnelles à la rencontre du prochain objet qui ressemblerait à ‘Oumuamua, au moment où il se trouverait en phase d'approche.

Une telle sonde, qui se rapprocherait suffisamment près de l'objet, pourrait photographier sa surface. Que verrions-nous alors ? De quoi affiner tout ce que nous savons à l'heure actuelle. Nous aurions plus d'informations sur sa taille, sur sa forme, sur sa composition, sur sa luminosité, peut-être même sur le logo de ses fabricants, qui, comme la NASA avec le drapeau américain sur ses fusées, auraient pu estampiller l'objet. Quelles que soient les données, je les accueillerais volontiers.

Mais, jusqu'au moment où nous récolterons des données nouvelles concernant les objets de type 'Oumuamua, nous devons nous contenter de ce que nous avons. Et ce que nous avons met l'accent sur un fait en particulier :

Et pourtant il a dévié.

'Oumuamua, ce petit objet interstellaire découvert le 19 octobre 2017, qui s'est révélé très lumineux, animé par un mouvement de rotation étrange, et très probablement d'une forme aplatie comme un disque, a dévié de la trajectoire que lui dictait la gravité du Soleil, sans bouffées de gaz visibles pour l'expliquer. Toutes ses propriétés, en particulier une origine dans l'espace-temps qui concorde avec le référentiel au repos local (LSR), font de lui une exceptionnelle anomalie statistique. Si l'objet fait partie des objets célestes classiques, qui se trouvent sur des orbites aléatoires autour de leurs étoiles, sa visite ne s'explique statistiquement que par une très grande quantité de matière autour de son étoile, beaucoup plus grande qu'il ne semble théoriquement possible. En revanche, si 'Oumuamua est extrêmement mince, ou si sa trajectoire n'est pas aléatoire, la question est tout autre.

La communauté scientifique s'est très clairement rassemblée autour de la conclusion que 'Oumuamua était un objet d'origine naturelle : une comète particulière, voire exotique, mais, malgré toutes ses bizarreries, rien de plus qu'un rocher interstellaire. Et pourtant il a dévié.

Il est vrai que l'on peut émettre des hypothèses faisant appel à des phénomènes naturels pour expliquer chacune des caractéristiques exotiques de 'Oumuamua. Il en résulte une possibilité statistique de l'ordre de un sur mille milliards que 'Oumuamua soit un rocher exceptionnel. Mais qu'une quantité suffisante de matériau ait été éjectée depuis les systèmes planétaires autour des étoiles voisines pour assurer une population suffisante d'objets comme 'Oumuamua et justifier une rencontre aussi exceptionnelle est encore plus problématique. Il faudrait en effet que beaucoup plus d'objets interstellaires normaux soient repérés, comme ce fut le cas avec 2I/Borisov.

Les données, on le sait, permettent d'avancer une autre hypothèse : 'Oumuamua est un objet technologique extraterrestre, vraisemblablement hors service ou abandonné. On peut signaler à cet égard un élément sous-estimé, ignoré d'à peu près tous les chercheurs ayant écrit sur le sujet : notre civilisation serait capable de construire, en quelques années seulement, un vaisseau spatial qui afficherait toutes les caractéristiques de 'Oumuamua. En d'autres termes, l'explication la plus directe des caractéristiques de 'Oumuamua est que l'objet a été fabriqué.

La raison pour laquelle la majorité de la communauté scientifique n'est pas à l'aise avec cette hypothèse d'une sonde artificielle est que nous ne l'avons pas construite nous-mêmes. Admettre qu'une autre civilisation l'a fait, c'est admettre qu'une découverte essentielle – nous ne sommes pas les seuls êtres intelligents de l'univers – vient de traverser notre système solaire. Et cela nous force à réfléchir autrement.

Accepter mon hypothèse concernant 'Oumuamua requiert, avant tout, de l'humilité, parce qu'elle nous force à accepter que, même si nous sommes extraordinaires, nous ne sommes pas uniques.

Lorsque j'écris que nous sommes extraordinaires, ce n'est pas au sens littéral du terme. Que nous soyons de la poussière d'étoile est à la fois une vérité et une formule poétique, mais l'inverse est également vrai, quoique moins poétique : les étoiles sont faites de la même matière que nous. C'est vrai d'ailleurs de l'univers dans son ensemble, car tout ce qu'il contient a commencé dans un même brouet de matière et d'énergie, issu du Big Bang. Cela étant, comme je le dis à mes étudiants de première année dans le cadre de leur séminaire d'astronomie, le fait que nous soyons tous composés de la même matière ordinaire ne nous empêche pas de devenir des *personnes* extraordinaires. Plus important à retenir est que l'organisation de la matière dont nous sommes faits a permis, au fil du temps, à la vie d'apparaître. Et, au bout du compte, comparés à tout ce que nous avons découvert dans l'univers jusqu'à présent, nous sommes les seuls à être si finement organisés.

Extraordinaire et *unique* sont des notions très différentes, et c'est important. Pensez ainsi à Nicolas Copernic, l'astronome qui le premier, au XVIe siècle, a émis l'hypothèse que les planètes tournaient autour du Soleil, et qui a apparemment apporté une contribution majeure à notre conception du cosmos. Le livre décrivant sa thèse, publié peu après sa mort en 1543, fut largement ignoré, sauf par un petit nombre d'astronomes, surtout parmi ses amis. Aujourd'hui, nous attribuons la paternité de ce concept de Système solaire héliocentrique à Copernic, et nous invoquons son nom pour décrire le principe selon lequel ni la Terre ni l'humanité n'occupe une place particulière dans l'univers, et que l'univers ne comporte d'ailleurs aucune place unique ou particulière. L'univers est pareil ici, où l'humanité existe, que partout ailleurs. Aujourd'hui, nous pouvons ajouter un codicille ironique au principe de Copernic : il n'y a rien de particulier au fait que notre civilisation a compris cette vérité fondamentale du cosmos, car toutes les autres civilisations de l'univers sont certainement arrivées à la même conclusion.

Si nous faisons plus que caresser cette idée, et l'embrassons pleinement, nous nous trouvons face à des possibilités insoupçonnées.

Lorsque Matias Zaldarriaga et moi avons découvert que la civilisation humaine produisait beaucoup de bruit dans les longueurs d'onde centimétriques du spectre électromagnétique, nous avons estimé raisonnable de penser que d'autres civilisations faisaient de même dans cette même bande de fréquences, et avons proposé de rechercher ce bruit. Lorsque Ed Turner et moi avons découvert que les lumières de Tokyo seraient visibles au moyen d'un télescope semblable à Hubble placé aux confins du Système solaire, nous avons estimé raisonnable de rechercher une telle lumière émise par un vaisseau ou par une agglomération extraterrestre. De même, lorsque mon post-doctorant James Guillochon et moi avons découvert que notre civilisation pourrait facilement lancer des sondes propulsées par photovoile, nous avons estimé raisonnable de penser que d'autres civilisations pouvaient en arriver au même constat, et avons recommandé de chercher dans l'univers les faisceaux de lumière qui trahiraient de tels lancements.

Dans le même esprit, il est raisonnable de penser que tout effort d'une civilisation dans ce sens – lancer des photovoiles légères – aurait été précédé par une initiative du même type que notre projet Starshot, soit la conception de prototypes de telles photovoiles.

J'aime à imaginer ce que nos homologues extraterrestres ont enduré pour en arriver là.

Je me représente les pacifistes parmi eux qui se seraient inquiétés qu'une sonde propulsée par un laser de 100 gigawatts, fonçant vers une civilisation voisine à une fraction de la vitesse de la lumière, puisse être interprétée par cette dernière comme une menace, voire une déclaration de guerre. Ce à quoi le président du conseil consultatif de leur programme aurait certainement répliqué, comme je l'ai fait dans le cadre de notre projet Starshot, qu'un tel risque était infime. Tout d'abord, avais-je répondu, nous n'avons aucune connaissance de l'existence, et donc *a fortiori* de la nature, d'une vie extraterrestre, intelligente ou non. Si d'autres êtres existent, notre sonde de quelques grammes serait pratiquement impossible à détecter, n'emportant qu'une quantité d'énergie comparable à celle d'un petit astéroïde, pour lequel on pourrait d'ailleurs la prendre. Enfin, il serait impossible de même tenter de pointer notre minuscule sonde de manière à ce qu'elle frappe une planète située à plusieurs années-lumière. Cela nécessiterait une précision angulaire d'un milliardième de radian, et nous n'avons quoi qu'il en soit aucun moyen de connaître avec assez de précision les positions relatives des planètes visées et de la sonde au cours d'un voyage qui durerait plusieurs décennies. Non, plutôt qu'aller frapper une planète, une telle sonde pourrait ambitionner d'atteindre une région plusieurs milliers de fois plus large que le diamètre d'une planète, avec une probabilité d'impact inférieure à une chance sur un million.

Je peux aussi imaginer ces ingénieurs extraterrestres doutant de la faisabilité du projet. Qu'en serait-il des dommages sur la sonde à chaque impact avec des grains de poussière ou même des atomes interstellaires ? Les membres de leur comité auraient précisé, comme je l'ai fait, qu'une couche protectrice de quelques millimètres d'épaisseur devrait suffire à protéger la sonde et ses caméras. Leurs ingénieurs les plus ambitieux auraient également regretté l'absence de système de décélération, ce à quoi leur comité aurait vraisemblablement répondu que c'était une contrainte nécessaire. Vu les distances à parcourir, le poids-plume de la sonde et la vitesse à laquelle elle devait voyager, prendre des photographies lors d'un rapide survol était déjà suffisamment ambitieux. *Ambitieux* est d'ailleurs le maître mot. Peut-être ces photographies permettraient-elles de découvrir s'il existe sur l'exoplanète survolée de la végétation, un océan, ou même les indices d'une civilisation – tout ce que nous voudrions voir en gros plan plutôt que chercher à le deviner à travers nos télescopes.

Je suis prêt à parier qu'en présentant leur projet nos savants extraterrestres se seraient heurtés à des bailleurs de fonds conservateurs, qui auraient exprimé leurs doutes qu'un tel programme justifie les sommes investies. J'imagine que le comité à l'initiative du projet aurait fait remarquer en retour, tout comme on l'a fait pour Starshot, que le programme bénéficiait d'une économie d'échelle remarquable. Dans le cas de Starshot, j'ai concédé qu'effectivement la construction du laser serait coûteuse. Et qu'effectivement la mise en orbite des sondes autour de la Terre le serait également. Mais la construction de ces dernières le serait beaucoup moins : les StarChips ne coûteraient que quelques centaines de dollars chacun. De sorte que, une fois les gros investissements réalisés, il serait tout à fait raisonnable de lancer les sondes à la chaîne, à quelques jours d'intervalle, en visant des centaines, voire des milliers d'étoiles cibles.

Il me plaît aussi de croire que les participants les plus optimistes de ce débat extraterrestre, forts de leur savoir scientifique et faisant preuve d'humilité, auraient souligné que, malgré les contraintes et les risques, lancer cette armada de photovoiles représenterait le prochain bond en avant de leur civilisation. Et ces savants extraterrestres, envoûtés par leur ciel étoilé, tout comme nous le sommes par le nôtre, ayant pris conscience de l'échelle de l'univers en regard des modestes dimensions de leur propre planète, auraient été assez nombreux pour consacrer le projet. Ils auraient conclu que ces photovoiles étaient la meilleure façon d'atteindre les étoiles. Et ils se seraient peut-être autorisés à rêver, comme nous le faisons, que leurs véloces photovoiles aux formes insolites seraient un jour aperçues par d'autres, et accueillies comme porteuses d'une annonce et d'une invitation : « Bienvenue au club interstellaire. »

Il faut faire un effort d'imagination et d'humilité pour reconnaître que l'humanité est banale. Ces deux qualités sont, à mon sens, essentielles pour franchir le grand filtre. Une troisième est également nécessaire : notre capacité à accepter l'explication la plus simple quant aux propriétés de 'Oumuamua – elles relèvent d'un dessein voulu, pas d'un complexe accident de la nature.

J'ai évoqué plus haut Guillaume d'Ockham et son célèbre principe – rasoir d'Ockham – selon lequel la solution la plus simple est souvent la meilleure. Pour expliquer 'Oumuamua ou tout autre phénomène, cette injonction est bonne à suivre – même si je suis conscient qu'un menton arrogant est bien dur à raser.

Mais la simplicité, hélas, n'a pas toujours la cote.

« Devrions-nous rendre notre modèle théorique plus complexe, de manière que notre explication des données ne paraisse pas trop simpliste ? » La question fut posée par mes post-doctorants lors d'une réunion de présentation de leurs projets – dont certains étaient presque terminés. Je fus d'abord surpris, puis ils m'expliquèrent leur raisonnement et je compris.

La vertu de la simplicité devrait pourtant être évidente, surtout pour des astronomes. Chez Copernic, par exemple, la puissance de son explication héliocentrique du Système solaire résidait dans sa simplicité. La théorie qui prévalait à l'époque – le système du philosophe grec Ptolémée, centré sur la Terre – exigeait des contorsions de plus en plus tortueuses à mesure que les données s'accumulaient. L'échec du système de Ptolémée et le succès de celui de Copernic constituent l'un des exemples les plus souvent présentés aux astronomes en herbe. Leur tâche, rappellent depuis toujours leurs enseignants, consiste à trouver l'explication la plus simple pour donner sens aux données, et éviter l'arrogance d'un Aristote qui, malgré tout son génie, laissa son désir de perfection le convaincre, contre toute évidence, que planètes et étoiles ne pouvaient se déplacer que sur des cercles parfaits. Il fallut attendre des siècles pour que cette idée erronée soit remise en question.

De même, durant les dernières décennies du XXe siècle, les astrophysiciens avaient la plus grande peine à accepter un modèle du jeune univers caractérisé par un petit nombre de paramètres – en un mot par la *simplicité*. Les données étaient rares, et la plupart des astrophysiciens avaient décidé qu'un tel modèle était trop simpliste. Mais, au début du XXIe siècle, suffisamment de données étaient disponibles pour prouver que l'univers avait effectivement démarré à partir de cet état initial des plus simples. Le jeune univers, nous confirmaient les données, était quasiment homogène (semblable partout) et isotrope (semblable dans toutes les directions), et les structures complexes que nous voyons aujourd'hui s'expliquent par d'infimes déviations à partir de cet état initial, qui ont pris de l'ampleur à travers des instabilités gravitationnelles. Ce modèle simple constitue la base de la cosmologie moderne.

Vu ces exemples édifiants, il paraît inconcevable qu'un groupe de post-doctorants de Harvard, en plein XXIe siècle, se demandent tout haut s'ils doivent *ajouter* de la complexité à leurs travaux. Mais, pour être honnête, ils avaient de bonnes raisons de s'interroger.

Dans le marché du travail actuel, où la concurrence est rude, le principal impératif consiste à impressionner ses supérieurs. Un jeune chercheur peut penser qu'il est nécessaire d'introduire de longs développements dans ses travaux, témoignant d'une grande complexité mathématique. Comme me l'a confié l'un de mes post-doctorants : « Je me trouve face au dilemme de devoir choisir entre deux options pour ma future carrière : travailler sur de longs projets compliqués ou proposer de brefs articles pointus. »

Souvent, les chercheurs établis aiment rendre leurs travaux complexes et difficiles à comprendre. Ils ont appris qu'un certain degré de sophistication indiquait qu'ils appartiennent à l'élite, et qu'ils en seront récompensés.

À travers mes propres travaux et mon rôle de mentor, j'essaye d'offrir un contre-exemple à mes jeunes collègues. J'apprends à mes post-doctorants que des idées condensées, pointues et accessibles stimulent la recherche dans le domaine en question et encouragent la communauté scientifique à développer les axes de recherche esquissés. Je les enjoins à considérer, comme j'en suis moi-même convaincu, qu'un travail intellectuel riche et concis améliorera leurs perspectives d'emploi, mais aussi qu'une présentation claire de leurs travaux nécessite qu'ils décrivent uniquement ce qu'ils comprennent et reconnaissent ce qu'ils ne savent pas. Inévitablement, ils répondent que c'est facile à dire pour moi, du haut de mon poste de directeur du département d'astrophysique de Harvard.

C'est en effet un dilemme, et je redoute l'influence néfaste qu'il pourra avoir sur la science au XXIe siècle – et pas uniquement au sein de la communauté scientifique. Dans le milieu académique, célébrer la complexité pour la complexité détourne les chercheurs talentueux et les fonds disponibles vers certains projets au détriment d'autres. Cette attitude tend aussi à concentrer la recherche et son financement dans les mains d'une élite autoproclamée, qui néglige les intérêts du public, pourtant son principal bailleur de fonds.

Le problème est sérieux, et ses conséquences dépassent le simple cadre académique. Pour le comprendre, considérons l'un des plus grands mystères de l'astrophysique moderne : la science des trous noirs.

En avril 2016, quelques jours seulement après l'annonce de notre projet Starshot, j'avais lancé à Harvard le Black Hole Initiative (BHI) : le premier centre interdisciplinaire d'étude des trous noirs. Stephen Hawking, qui avait participé à New York à la présentation Starshot aux côtés de Iouri Milner, Freeman Dyson et moi-même, avait pu rejoindre mon équipe à Harvard pour cette seconde annonce, où nous avons exposé les objectifs du BHI.

En plus de ce hasard du calendrier qui avait permis à Hawking de participer au lancement du centre, la date était propice pour une autre raison : c'était le centième anniversaire des travaux de Karl Schwarzschild, astronome et physicien allemand, qui avait élaboré en 1916, à partir des équations de la relativité générale d'Albert Einstein, une solution mathématique décrivant le phénomène des trous noirs, une cinquantaine d'années avant que ne soient observées les premières preuves de leur existence (un siècle plus tard, d'ailleurs, personne n'avait encore réussi à photographier le phénomène).

L'inauguration du centre BHI fut mémorable à plus d'un titre. C'était d'abord pour moi le lancement d'un projet historique qui me tenait à cœur d'un point de vue professionnel : la création d'une nouvelle « boîte d'allumettes », pour reprendre ma métaphore sur les conditions qui permettent aux chercheurs prometteurs de s'exprimer. Le centre symbolisait à mes yeux cette approche interdisciplinaire de la science que j'ai toujours prônée, rassemblant sous un même toit astronomes, mathématiciens, physiciens et philosophes.

Il y eut également quelques jolies surprises. Lors de la cérémonie, un photographe saisit le moment où ma fille cadette, Lotem, rejoignait sur l'estrade Stephen Hawking et mes collègues. Ce n'était pas prévu mais, avec le recul, sa présence fut précieuse. Les avancées scientifiques représentent des efforts intergénérationnels, et les progrès de la civilisation humaine s'accumulent sur des siècles. Prenez l'exemple des milliers de télescopes qui scrutent aujourd'hui le ciel, y compris ceux postés en orbite terrestre : ils descendent tous de la lunette que Galilée utilisa pour ses premières observations.

Un peu plus tard, à l'occasion de la Pâque juive, mon épouse, mes filles et moi reçûmes à dîner Stephen Hawking et quelques collègues. De tous les discours prononcés pour la présentation de notre projet BHI, ce furent ces quelques mots de Stephen lors de cette soirée qui me touchèrent le plus. S'adressant au petit groupe réuni dans notre salle de séjour, il revint sur le projet Starshot. « Ce fut un voyage bien rempli », commença-t-il.

> La semaine dernière à New York, Avi et moi avons annoncé une nouvelle initiative qui concerne notre avenir dans l'espace interstellaire. Le projet Starshot va tenter de bâtir un vaisseau spatial qui peut atteindre 20 % de la vitesse de la lumière. À cette vitesse, mon vol Londres-New York aurait pris moins d'un quart de seconde (ou un peu plus, si vous comptez la douane en arrivant). La technologie que Starshot mettra en œuvre – les faisceaux laser, les photovoiles et les sondes les plus légères jamais construites – nous permettra d'atteindre Alpha du Centaure une vingtaine d'années seulement après le lancement. Jusqu'à présent, nous n'avons pu observer les étoiles qu'à distance. Et là, pour la première fois, nous allons pouvoir les atteindre[1].

Ces mots sont restés gravés dans ma mémoire, en particulier parce que ce voyage fut le dernier de Stephen Hawking aux États-Unis. « J'espère que je pourrai bientôt revenir, avait-il ajouté, pour offrir mon soutien au Black Hole Institute. » Malheureusement, il disparut moins de deux ans plus tard, sans avoir pu suivre l'avancement du projet ni être témoin de l'exploration des étoiles dont il rêvait.

Un autre échange, à la même époque, m'est resté en mémoire – pour des raisons très différentes. À cette première convention du BHI, un philosophe termina son discours en affirmant que ses conversations avec d'éminents théoriciens de la physique l'avaient convaincu que, si leur communauté soutenait un projet de recherche durant toute une décennie, c'est qu'il était fondé. Un mot m'est immédiatement venu à l'esprit, ou plutôt, en l'occurrence, un nom : Galilée.

Galilée aurait déclaré après avoir scruté le ciel avec sa lunette : « Dans les sciences, l'autorité de mille personnes ne vaut pas l'humble raisonnement d'un seul individu. » Des siècles plus tard, Einstein fit une remarque similaire lorsqu'en 1931 vingt-huit universitaires participèrent à un livre intitulé en français *Cent Auteurs contre Einstein*, dans lequel ils soutenaient que sa théorie de la relativité générale était erronée. Il aurait affirmé que, s'il s'était trompé, un seul auteur armé des preuves nécessaires aurait suffi.

Le principe de notre nouveau centre de recherche sur les trous noirs est de confronter les idées de toutes les personnes qui abordent le sujet sous des angles différents. Le fait que les centres d'intérêt des chercheurs diffèrent constitue la force du projet. Les astronomes cherchent à recueillir les premières images des trous noirs, les physiciens à résoudre un paradoxe concernant la manière dont les lois de la physique sont affectées par eux, tandis que les mathématiciens et les philosophes tentent de comprendre la nature et le degré de stabilité de la singularité au centre d'un trou noir. Les philosophes, en particulier, jouent un rôle essentiel, similaire à celui d'un canari au fond d'une mine de charbon : ils sonnent l'alerte en cas de danger, en l'occurrence s'ils pensent que l'honnêteté intellectuelle n'est plus observée.

S'il existe entre nous un dénominateur commun, c'est l'enthousiasme à chercher des données nouvelles pour explorer les anomalies et questions en suspens concernant les trous noirs. Ce sont des défis majeurs, dont voici une courte liste.

La première grande anomalie d'un trou noir est ce qu'on appelle le « paradoxe de l'information ». La mécanique quantique stipule que l'information est toujours préservée, et pourtant les trous noirs peuvent absorber de l'information puis entreprendre une « évaporation » sous la forme d'un rayonnement dit de « corps noir » (sans information), comme l'a démontré Stephen Hawking. Les lois de la physique se briseraient-elles à la frontière d'un trou noir, ou quelque chose d'autre entre-t-il en jeu ?

La seconde anomalie majeure des trous noirs est qu'ils semblent « escamoter » de la matière. Où va donc la matière lorsqu'elle est happée par un trou noir ? Se rassemble-t-elle en un dense objet au centre du trou noir ou quitte-t-elle notre univers pour émerger dans un autre, comme l'eau s'évacue d'un évier pour se retrouver ailleurs ?

De manière plus générale, les trous noirs pourraient-ils nous fournir des idées qui aideraient à réaliser la grande unification de la relativité générale et de la mécanique quantique ? Sur son lit de mort, Einstein avait encore esquissé des réflexions sur le sujet, mais sans parvenir à résoudre ce défi gigantesque. Stephen Hawking a également passé les dernières années de sa vie à se demander si les propriétés des trous noirs pourraient permettre de trouver la solution. Bien que ni l'un ni l'autre de ces géants de la physique n'ait découvert la clé de l'énigme, de nombreux cosmologues et astrophysiciens continuent de travailler dans leur sillage.

Une dernière question importante concernant les trous noirs taraudait les astronomes lorsque notre centre BHI fut fondé – moins une anomalie qu'une lacune flagrante dans nos connaissances. Alors que nous possédions plusieurs décennies de données concernant l'existence et les propriétés des trous noirs, nous n'avions jamais réussi à en photographier un seul.

Ce fut chose faite en 2019. L'histoire de cet exploit – comment fut prise la première photographie d'un trou noir et comment l'humanité acquit ainsi une preuve cruciale dans l'enquête en cours sur ce mystère cosmique – est un merveilleux exemple de la manière dont la poursuite réfléchie et collaborative d'un objectif parvient à le réaliser. Pour ceux d'entre nous qui considèrent que 'Oumuamua n'est pas une affaire classée, qui espèrent que le phénomène constitue une provocation suffisante pour forcer l'humanité à relever les défis les plus ambitieux, cette réussite prouve qu'on peut faire des miracles lorsqu'on travaille ensemble, et accomplir des exploits en matière de recherche, de découverte et d'innovation technologique qui semblent impossibles dans des circonstances ordinaires. Construire par exemple un télescope d'un diamètre aussi large que la Terre.

Dans un article écrit avec mon ancien post-doctorant Avery Broderick publié en 2009 dans *Scientific American*, nous affirmions que photographier un trou noir revenait à « photographier un fantôme ». Il y avait d'abord le problème de la distance. Sagittarius A*, le trou noir supermassif le plus proche de la Terre, se trouve à vingt-six mille années-lumière. Nous fûmes les premiers à recommander une autre cible, dans un article publié la même année dans *Astrophysical Journal*, qui se trouve être le trou noir finalement photographié : M87, situé à 53 millions d'années-lumière mais considérablement plus gros. À cette distance, l'exploit serait tout de même comparable au fait de photographier une orange à la surface de la Lune.

D'où la nécessité d'un télescope géant. Plus précisément, nous avions besoin d'un interféromètre du diamètre de la Terre, réalisable en combinant des radiotélescopes aux quatre coins de la planète. Pour y parvenir, il fallait coordonner de nombreux observatoires à travers le monde, ce à quoi s'attacha mon collaborateur du BHI Shep Doeleman. Il en résulta un réseau appelé le Event Horizon Telescope (Télescope de l'horizon des événements), EHT pour les intimes.

Les trous noirs, par définition, n'émettent pas de lumière propre. Ils font même l'inverse : ils aspirent la lumière, comme toute matière qui passe à leur portée. Cette matière capturée, principalement du gaz, commence toutefois par tourbillonner autour du trou noir et émet de la lumière à mesure qu'elle s'échauffe sous le stress du puissant champ de gravité. Alors qu'une partie de cette lumière disparaît dans le trou noir, une autre s'échappe : le résultat est un anneau de lumière autour de la silhouette noire qui représente pour sa part la région du trou noir où la lumière reste captive. La frontière entre les deux est une caractéristique essentielle du trou noir, appelée horizon des événements : une frontière sphérique, à l'intérieur de laquelle tout ne peut que tomber vers le centre du trou noir. C'est la prison par excellence : vous pouvez y entrer mais jamais en sortir. Les trous noirs restent cachés derrière leur horizon des événements, et comme on le dit pour Las Vegas, ville du péché où tout doit demeurer secret : « Ce qui se passe derrière l'horizon reste derrière l'horizon. » Aucune information n'en sort.

C'est justement ce que l'interféromètre EHT tentait de contourner : observer directement un trou noir en photographiant sa silhouette. Il a fallu pour cela des années de préparation. Le centre BHI a apporté son aide pour le traitement des données qui a produit l'image diffusée le 10 avril 2019, laquelle a marqué les esprits durant des semaines, et pas uniquement parmi les scientifiques. Cet effort international, qui a nécessité un télescope de dimension planétaire, a produit une photographie qui a galvanisé l'imagination du public. Une décennie plus tôt, Broderick et moi avions fait des croquis de ce à quoi pouvait ressembler le trou noir de cette galaxie M87, et ce fut très gratifiant de voir l'image réelle, si proche de nos dessins, faire la une des journaux et des magazines du monde entier.

Il existe un lien direct entre ce succès et mes travaux ayant trait à SETI. Dans le cas des trous noirs, l'un des objectifs avoués du BHI est de susciter un intérêt non seulement interdisciplinaire mais aussi du public. Nous devons frapper son imagination. Nous avons besoin qu'il s'intéresse à notre travail de détective, qu'il comprenne nos efforts pour confirmer nos théories au contact rigoureux des données, de manière à ce que l'humanité partage nos succès scientifiques. Seulement ainsi pourrons-nous attirer vers la science de jeunes talents – ceux dont nous avons besoin pour relever les défis d'aujourd'hui, et du futur.

Cela étant, les scientifiques ont un *devoir* vis-à-vis du public, au sens propre du terme. Nos travaux sont financés par le public. La plupart des avancées scientifiques ont été possibles en grande partie grâce à des subventions d'État, que permettent les impôts. Ainsi, tout scientifique qui en a directement ou indirectement profité (c'est-à-dire la plupart d'entre nous) porte la responsabilité d'expliquer au public ses travaux mais aussi les méthodes pour les réaliser. Nous avons pour obligation de rendre compte de nos découvertes et débats majeurs sur les grands sujets qui intéressent le public, parmi lesquels l'origine cosmique de l'humanité, les trous noirs et la recherche de la vie extraterrestre.

La science n'est pas l'occupation d'une élite enfermée dans sa tour d'ivoire, mais une entreprise qui profite à tous les êtres humains et stimule leur enthousiasme, quel que soit leur niveau d'étude. Je pense que c'est particulièrement vrai pour les astrophysiciens. Les questions auxquelles nous confronte l'univers sont prodigieuses autant qu'exaltantes. Elles incitent aussi à la modestie. Notre métier consiste à observer des événements dans le cosmos survenus bien avant notre arrivée sur scène et des corps célestes dont l'existence se prolongera bien après notre disparition. Rapporté aux sujets de nos études, le temps est court pour étudier l'univers et tenter de trouver les réponses à ses mystères et ses paradoxes.

J'ai placé ma confiance et mon espoir dans la science. Toute ma vie, mon optimisme m'a apporté de grandes satisfactions. En fait, cette expérience de vie qui m'a tout donné contre rien – de riches récompenses en échange de cette activité simple et humble qu'est l'enquête scientifique – m'amène à une dernière réflexion.

En équipe avec Paul Chesler, post-doctorant dans notre centre d'étude des trous noirs à Harvard, j'ai établi une théorie quant au destin de la matière lorsqu'elle se rapproche de la singularité centrale d'un trou noir. Nous avons décidé d'aborder la question à partir d'un modèle théorique simple, combinant mécanique quantique et gravitation. En examinant ses implications mathématiques, nous avons découvert que le modèle se prêtait

Conclusion

Nombre de scientifiques pensent que nous devrions communiquer l'information au public uniquement lorsque nos enquêtes ont abouti à une conclusion quasi unanime. Ces collègues estiment que la discrétion est de mise pour entretenir une bonne image. Sinon, argumentent-ils, le public pourrait se mettre à douter des chercheurs et de la méthode scientifique en général. Cette méfiance est d'ailleurs présente même lorsque les chercheurs ont atteint un consensus quasi unanime : voyez, par exemple, la minorité du public qui doute encore de la réalité du changement climatique. Laisser transparaître des dissonances qui pourraient miner la réputation de la science, s'inquiètent ces collègues, est un risque bien trop grand.

Mon opinion est différente. Je pense que pour être crédibles nous devons montrer que l'investigation scientifique est un processus plus familier et plus ordinaire que le public l'imagine. Trop souvent, l'approche suivie par mes collègues encourage le discours populiste sur la science comme occupation d'une élite, contribuant à creuser le fossé entre public et chercheurs. Or la science ne se pratique pas dans une tour d'ivoire, où elle suivrait des voies impénétrables pour énoncer des vérités inébranlables sorties de la bouche de grands sages. La méthode scientifique, en fait, a à voir avec le bon sens d'un plombier lorsqu'il répare une fuite.

Je pense que chercheurs et public tireraient avantage de cette vision d'une science pratiquée comme beaucoup d'autres métiers. Nous nous heurtons à des données déroutantes, comme un plombier se trouve aux prises avec un tuyau bouché, et nous nous appuyons sur nos connaissances, notre expérience et nos collègues pour échafauder des hypothèses. Ensuite, nous confrontons celles-ci avec les données.

L'aboutissement de la démarche scientifique ne dépend pas de ses praticiens, car la réalité est dictée par la nature. Les chercheurs ne font que chercher cette réalité en amassant autant de données possibles et en croisant diverses interprétations lorsque les données sont insuffisantes. Cela me rappelle les mots de Michel-Ange lorsqu'on lui demanda comment il obtenait d'aussi belles sculptures à partir d'un bloc de marbre. « La sculpture est faite à l'intérieur du bloc de marbre avant même que je me mette au travail », avait-il répondu. « Elle est déjà là, il me suffit de dégager au ciseau la matière superflue. » De même, le progrès scientifique consiste à rassembler des données qui permettent de rejeter un grand nombre d'hypothèses superflues.

Rejeter ainsi certaines de nos idées fausses est une expérience de modestie. Nous ne devrions pas nous sentir insultés par nos erreurs, mais les voir comme des opportunités pour apprendre. Après tout, notre petit îlot de connaissances est entouré par un vaste océan d'ignorance, et seules les données – et non nos convictions injustifiées – peuvent en augmenter la superficie.

Les astronomes en particulier devraient faire preuve de modestie. Confrontés à l'ordre cosmique des choses et face à l'immensité des phénomènes naturels, nous réalisons combien sont limitées nos connaissances et dérisoires nos vies. Nous devrions rester humbles dans notre démarche, nous autoriser à faire des erreurs en public, et prendre des risques en toute transparence alors que nous cherchons à comprendre l'univers. Comme les enfants.

En regardant mes collègues serrer les rangs pour rejeter l'hypothèse que 'Oumuamua puisse relever d'une technologie extraterrestre, je me suis demandé ce qui était arrivé à notre curiosité d'enfant et notre innocence. Face à la tempête médiatique qui a accueilli ma contribution la plus publique – jusqu'à présent – à ces recherches SETI, une idée ne m'a pas quitté : *si, en répondant aux questions des médias, je convaincs un enfant, un seul, n'importe où dans le monde, de faire de la science, je serai satisfait. Et si je rends le public et, peut-être, même mes confrères plus réceptifs à mon hypothèse insolite, ce ne sera que du bonus.*

Dans l'esprit de l'expérience de pensée décrite au début de ce livre, celle que je soumets tous les ans à mes étudiants de Harvard, en voici une autre :

Imaginez qu'en 1976, par exemple, la NASA ait découvert les preuves d'une vie extraterrestre sur une autre planète : Mars, pour ne pas la citer. Une sonde posée par la NASA sur la planète rouge y aurait analysé des échantillons de sol dans lesquels des traces de vie auraient été découvertes. Alors, la question de savoir si la vie terrestre était unique ou non dans l'univers aurait été clairement résolue, et la réponse apportée par les données acceptée par la communauté scientifique et le grand public.

En conséquence, durant les quarante années suivantes, notre civilisation aurait continué ses activités, y compris ses recherches scientifiques, en adoptant le paradigme que la vie terrestre n'a rien d'unique, car si on trouvait des traces de vie sur Mars il était pratiquement certain d'un point de vue statistique que la vie existait également ailleurs dans l'univers. Sur la base de cette compréhension, les comités chargés d'évaluer et de financer les nouveaux projets et outils scientifiques auraient certainement décidé d'allouer beaucoup d'argent à la recherche et à l'étude de la vie extraterrestre. Des fonds publics auraient été rendus disponibles pour soutenir de tels projets exploratoires. Les manuels scolaires auraient été réécrits, les programmes universitaires réorientés, et les idées reçues plus librement contestées.

Imaginez maintenant que, quarante ans après la découverte d'une vie sur Mars, un petit corps interstellaire très lumineux, animé d'une rotation étrange, et très probablement en forme de disque (une probabilité estimée à 91 %), a traversé notre système solaire et, sans montrer le moindre signe de dégazage, a doucement accéléré hors d'une trajectoire régie uniquement par la gravité du Soleil, sous l'influence d'une poussée qui a décliné proportionnellement au carré de la distance à l'astre du jour.

Imaginez toujours que les astronomes ont récolté suffisamment de données concernant l'objet pour comprendre ces anomalies, et que certains chercheurs les ayant étudiées ont déclaré qu'une explication possible était que l'objet relevait d'une technologie extraterrestre.

À votre avis, dans cette réalité parallèle, comment la communauté scientifique et le public ont-ils réagi à cette hypothèse ?

Habituée depuis quarante ans à la certitude d'une vie extraterrestre, notre civilisation, je pense, aurait considéré cette hypothèse comme la moins insolite parmi tous les scénarios proposés pour expliquer les anomalies de 'Oumuamua. Peut-être aurait-elle passé les quarante années écoulées à s'organiser pour être mieux préparée à détecter et étudier un objet comme 'Oumuamua ; cela aurait permis de le repérer dès le mois de juillet 2017 et de disposer de suffisamment de temps pour lancer une sonde à sa rencontre et photographier sa surface en gros plan.

Peut-être même, plutôt qu'être dans l'attente, comme nous le sommes aujourd'hui, de lancer les premières sondes à photovoile vers les étoiles, celles-ci auraient-elles déjà été lancées il y a une vingtaine d'années, et serions-nous sur le point de recevoir leurs premières images.

Cette expérience de pensée sert deux buts. Elle nous rappelle d'abord que, même si nous ne pouvons contrôler les données envoyées par l'univers, nous avons le contrôle sur leur recherche, leur évaluation, et la façon dont nous réajustons nos principales orientations scientifiques en fonction d'elles. Le monde des possibles auquel nous choisissons de nous ouvrir, délimité par les données que nous rassemblons et permettons à notre intelligence collective de traiter, détermine le monde dans lequel vivront nos enfants et nos petits-enfants.

Cette expérience de pensée a également pour but de mettre en lumière l'opportunité que nous avons manquée.

En 1975, la NASA a envoyé deux sondes vers Mars : baptisées Viking, elles se sont posées sur la planète rouge l'année suivante. Elles ont réalisé des expériences, prélevé des échantillons de sol qu'elles ont analysés. Tous les résultats ont été transmis à la Terre.

En octobre 2019, Gilbert V. Levin, responsable d'un des instruments d'analyse à bord des sondes Viking (le détecteur biologique Labeled Release), a publié un article dans *Scientific American* affirmant que les résultats positifs de son instrument prouvaient l'existence d'une vie sur Mars. Conçu pour mettre en évidence du métabolisme dans le sol martien, l'instrument, écrit son créateur Levin, « aurait apparemment répondu par la positive à cette question fondamentale[1] ».

L'expérience était simple : exposer un échantillon de sol martien à des nutriments et observer si quelque chose dans le sol les digérait. L'instrument était doté de capteurs capables de détecter les émanations chimiques d'un tel métabolisme. En outre, l'instrument pouvait répéter l'expérience après avoir chauffé l'échantillon à une température suffisante pour le stériliser et éliminer toute forme de vie connue. Si dans une première expérience, sans chauffage préalable, le résultat était positif, et dans une seconde, conduite après stérilisation par chauffage, le résultat devenait négatif, on pouvait en déduire que l'activité observée en premier lieu était bien biologique.

Et, selon Gilbert Levin, c'est précisément ce qui a été observé.

Les autres expériences à bord des Viking, toutefois, ont été négatives et n'ont pas corroboré cette détection de vie martienne. Les données des expériences de Levin ont donc été classées par la NASA comme des faux positifs. Et, au cours des décennies suivantes, aucune sonde posée sur Mars par la NASA ne comportait d'instruments permettant de poursuivre cette quête de la vie.

La NASA et les autres agences spatiales ont maintenant pour objectif de poser des rovers à la surface de la planète rouge, dont les instruments chercheront au moins les traces d'une vie fossile. L'instrument qu'emporte la sonde Perseverance de la NASA a judicieusement pour nom

SHERLOC (Scanning Habitable Environments with Raman and Luminescence for Organics and Chemicals). Nous pouvons ainsi nous réjouir que la science, même si elle le fait parfois de façon hésitante, n'aura de cesse de poursuivre son travail de détective.

Épilogue

Le 14 septembre 2020, des chercheurs ont publié le premier rapport détaillant une possible biosignature dans l'atmosphère d'une autre planète. Ce nouvel indice de vie extraterrestre n'a pas été découvert autour d'une étoile distante. Tout comme ʻOumuamua, il l'a été à proximité immédiate de la Terre, dans notre système solaire.

Une équipe dirigée par Jane Greaves de l'université de Cardiff au Royaume-Uni aurait découvert un composé chimique particulier, la phosphine (PH_3), dans les nuages de notre voisine Vénus[1]. En examinant le spectre lumineux que ces nuages réfléchissent dans les longueurs d'onde millimétriques, l'équipe a identifié les raies d'absorption caractéristiques de la phosphine environ cinquante-cinq kilomètres au-dessus du sol de la planète. La surface rocheuse de Vénus est trop chaude à l'heure actuelle pour abriter de l'eau liquide et, autant qu'on le sache, inhospitalière à toute forme de vie. Mais, à l'altitude en question, température et pression sont équivalentes à celles de la basse atmosphère terrestre : des microbes pourraient donc vivre au sein de gouttelettes d'eau en suspension dans l'atmosphère de Vénus[2].

Sur Terre, la phosphine est produite par la vie. Et, à l'heure où nous écrivons, nous ne connaissons pas d'autre processus chimique capable de produire de la phosphine en aussi grande quantité dans l'atmosphère de notre voisine.

Cette nouvelle a galvanisé la communauté scientifique de la même façon que le fit le passage de 'Oumuamua il y a trois ans, presque jour pour jour. Tout comme lors de la découverte précédente, l'annonce a conduit notre groupe de recherche à entreprendre une flopée de calculs. Par exemple, je me suis livré avec Manasvi Lingam à un calcul permettant de définir la concentration minimale de microbes requise pour produire toute la phosphine détectée dans les nuages de Vénus[3] : elle ne serait pas excessive, et même plusieurs ordres de grandeur inférieure à celle rencontrée dans notre atmosphère terrestre. En d'autres termes, il n'y aurait pas besoin de beaucoup de vie sur Vénus pour qu'elle soit détectable depuis la Terre. En outre, Amir Siraj et moi avons montré que des astéroïdes passant en rase-mottes auraient pu échanger de la matière microbienne entre les atmosphères de la Terre et de Vénus, suggérant la possibilité tout à fait vérifiable que la vie sur les deux planètes pourrait avoir une origine commune – si cette vie sur Vénus est bien confirmée[4].

Tout comme avec 'Oumuamua, la phosphine de Vénus marque le commencement, plutôt que la fin, d'un nouveau voyage de découverte. Les chercheurs devront maintenant récolter des données supplémentaires pour confirmer cette présence de phosphine et vérifier que seul le monde vivant est capable d'en fabriquer autant. Pour certifier la présence d'une forme de vie sur Vénus, il faudra attendre qu'une sonde se rende physiquement sur place, échantillonne la matière de ses nuages et y recherche des microbes. Bref, notre travail de détective n'est pas près de s'arrêter.

Notes

Nombre d'idées exposées dans ce livre furent d'abord développées dans des articles publiés antérieurement. Vous en trouverez la liste, avec les liens hypertexte afférents, sur le site https://www.cfa.harvard.edu/~loeb/Oumuamua.html.

1. L'éclaireur

1. Union astronomique internationale, « The IAU Approves New Type of Designation for Interstellar Objects », 14 novembre 2017, https://www.iau.org/news/announcements/detail/ann17045/.

3. Anomalies

1. Marco Micheli *et al.*, « Non- Gravitational Acceleration in the Trajectory of 1I/2017 U1 ('Oumuamua) », *Nature*, n° 559, 2018, p. 223-226, http://www.ifa.hawaii.edu/~meech/papers/2018/Micheli2018-Nature.pdf.

2. Roman R. Rafikov, « Spin Evolution and Cometary Interpretation of the Interstellar Minor Object 1I/2017 'Oumuamua », *Astrophysical Journal*, 2018, https://arxiv.org/pdf/1809.06389.pdf.

3. David E. Trilling *et al.*, « Spitzer Observations of Interstellar Object 1I/'Oumuamua », *Astronomical Journal*, 2018, https://arxiv.org/pdf/1811.08072.pdf.

4. Man-To Hui et Matthew M. Knight, « New Insights into Interstellar Object 1I/2017 U1 ('Oumuamua) from SOHO/

STEREO Nondetections », *Astronomical Journal*, 2019, https://arxiv.org/pdf/1910.10303.pdf.

5. NASA, « Nearing 3 000 Comets : SOHO Solar Observatory Greatest Comet Hunter of All Time », 30 juillet 2015, https://www.nasa.gov/feature/goddard/soho/solar-observatory-greatest-comet-hunter-of-all-time.

6. Darryl Seligman et Gregory Laughlin, « Evidence That 1I/2017 U1 ('Oumuamua) Was Composed of Molecular Hydrogen Ice », *Astrophysical Journal Letters*, 2020, https://arxiv.org/pdf/2005.12932.pdf.

7. Zdenek Sekanina, « 1I/'Oumuamua As Debris of Dwarf Interstellar Comet That Disintegrated Before Perihelion », *arXiv.org*, 2019, https://arxiv.org/pdf/1901.08704.pdf.

8. Amaya Moro-Martin, « Could 1I/'Oumuamua Be an Icy Fractal Aggregate ? », *Astrophysical Journal*, 2019, https://arxiv.org/pdf/1902.04100.pdf.

9. Sergey Mashchenko, « Modeling the Light Curve of 'Oumuamua : Evidence for Torque and Disk-Like Shape », *Monthly Notices of the Royal Astronomical Society*, 2019, https://arxiv.org/pdf/1906.03696.pdf.

10. Yun Zhang et Douglas N. C. Lin, « Tidal Fragmentation as the Origin of 1I/2017 U1 ('Oumuamua) », *Nature Astronomy*, 2020, https://arxiv.org/pdf/2004.07218.pdf.

5. L'hypothèse de la photovoile

1. Équipe 'Oumuamua de l'ISSI, « The Natural History of 'Oumuamua », *Nature Astronomy*, n° 3, 2019, https://arxiv.org/pdf/1907.01910.pdf.

2. Michelle Starr, « Astronomers Have Analysed Claims 'Oumuamua's an Alien Ship, and It's Not Looking Good », *Science Alert*, 1er juillet 2019, https://www.sciencealert.com/astronomers-have-determined-oumuamua-is-really-truly-not-an-alien-lightsail.

6. Bouées et coquillages

1. Aaron Do, Michael A. Tucker et John Tonry, « Interstellar Interlopers : Number Density and Origin of 'Oumuamua-Like

Objects », *Astrophysical Journal*, 2018, https://arxiv.org/pdf/1801.02821.pdf.

2. Amaya Moro-Martin, « Origin of 1I/'Oumuamua. I. An Ejected Protoplanetary Disk Object ? », *Astrophysical Journal*, 2018, https://arxiv.org/pdf/1810.02148.pdf ; *id.*, « Origin of 1I/'Oumuamua. II. An Ejected Exo-Oort Cloud Object », *Astronomical Journal*, 2019, https://arxiv.org/pdf/1811.00023.pdf.

3. Eric Mamajek, « Kinematics of the Interstellar Vagabond 1I/'Oumuamua (A/2017 U1) », *Research Notes of the American Astronomical Society*, 2017, https://arxiv.org/abs/1710.11364.

7. L'exemple des enfants

1. Giuseppe Cocconi et Philip Morrison, « Searching for Interstellar Communications », *Nature*, n° 184, 1959, p. 844-846, http://www.iaragroup.org/_OLD/seti/pdf_IARA/cocconi.pdf.

2. Adam Mann, « Intelligent Ways to Search for Extraterrestrials », *The New Yorker*, 3 octobre 2019.

3. Jason T. Wright, « SETI Is a Very Young Field (Academically) », *AstroWright* (blog), 23 janvier 2019, https://sites.psu.edu/astrowright/2019/01/23/seti-is-a-very-young-field-academically/.

9. Une histoire de filtres

1. Silpa Kaza *et al.*, « What a Waste 2.0 : A Global Snapshot of Solid Waste Management to 2050 », *World Bank*, 2018, https://openknowledge.worldbank.org/handle/10986/30317.

2. Mario Livio, « Winston Churchill's Essay on Alien Life Found », *Nature*, 15 février 2017, https://www.nature.com/news/winston-churchill-s-essay-on-alien-life-found-1.21467 ; Handwerk B., « "Are We Alone in the Universe ?" Winston Churchill's Lost Extraterrestrial Essay Says No », *SmithsonianMag.com*, 16 février 2017, https://www.smithsonianmag.com/science-nature/winston-churchill-question-alien-life-180962198/.

13. Mystérieuses singularités

1. Vous pouvez visionner une vidéo de la brève allocution de Stephen Hawking à mon domicile, le 22 avril 2016, sur le site https://www.cfa.harvard.edu/~loeb/SI.html.

Conclusion

1. Gilbert V. Levin, « I'm Convinced We Found Evidence of Life on Mars in the 1970s », *Scientific American*, 10 octobre 2019, https://blogs.scientificamerican.com/observations/im-convinced-we-found-evidence-of-life-on-mars-in-the-1970s/.

Épilogue

1. Jane S. Greaves *et al.*, « Phosphine Gas in the Cloud Decks of Venus », *Nature Astronomy*, 2020, https://arxiv.org/ftp/arxiv/papers/2009/2009.06593.pdf.

2. Sara Seager *et al.*, « The Venusian Lower Atmosphere Haze as a Depot for Desiccated Microbial Life : A Proposed Life Cycle for Persistence of the Venusian Aerial Biosphere », *Astrobiology*, 2020, https://arxiv.org/ftp/arxiv/papers/2009/2009.06474.pdf.

3. Manasvi Lingam et Avi Loeb, « On the Biomass Required to Produce Phosphine Detected in the Cloud Decks of Venus », *arXiv.org*, 2020, https://arxiv.org/pdf/2009.07835.pdf.

4. Amir Siraj et Avi Loeb, « Transfer of Life Between Earth and Venus with Planet-Grazing Asteroids », *arXiv.org*, 2020, https://arxiv.org/pdf/2009.09512.pdf.

Remerciements

Je tiens à exprimer ma profonde reconnaissance à mes parents, Sara et David, qui m'ont sagement conduit à rester curieux et émerveillé tout au long d'une enfance qui n'a jamais cessé d'être, ainsi qu'à ma remarquable épouse, Ofrit, et à nos merveilleux enfants, Klil et Lotem, dont le soutien et l'amour inconditionnels rendent pour moi la vie digne d'être vécue.

Tout au long de ma carrière scientifique, j'ai grandement profité de la collaboration de plusieurs dizaines de brillants étudiants et post-doctorants : j'ai pu en citer certains dans ce livre et on trouvera la liste de leurs travaux sur mon site https://www.cfa.harvard.edu/~loeb/. Comme le sage Hanina ben Dossa l'a souligné dans le Talmud : « J'ai beaucoup appris de mes maîtres, plus encore de mes collègues, et presque tout de mes élèves. »

Je n'aurais pu écrire ce livre sans une équipe dont je tiens à remercier ici les principaux membres. Je suis particulièrement reconnaissant à mes agents littéraires, Leslie Meredith et Mary Evans, de m'avoir convaincu d'écrire ce livre malgré mon emploi du temps surchargé consacré à la recherche ; à mes éditeurs Alex Littlefield et Georgina Laycock pour leur généreux soutien et leurs précieux conseils sur ce projet d'écriture ; et à Thomas LeBien et

Amanda Moon de m'avoir aidé à rassembler et organiser la matière nécessaire à ce livre, d'une manière aussi professionnelle que brillante. Je tiens aussi à remercier Michael Lemonick, rédacteur en chef du blog *Scientific American Observations*, de m'avoir procuré une plateforme inestimable afin de développer mes opinions et mes arguments.

Cette équipe de collaborateurs attentionnés m'a appris à mieux me connaître, et donc à mieux connaître le monde. Car, au final, les horizons de l'univers que nous sommes prêts à découvrir dépendent de ce que nous sommes prêts à imaginer.

Table

RÉALISATION : NORD COMPO À VILLENEUVE-D'ASCQ
IMPRESSION : NORMANDIE ROTO IMPRESSION S.A.S. À LONRAI
DÉPÔT LÉGAL : JANVIER 2021. N° 144041 (2005339)
Imprimé en France